U0043921

THE HEART OF THE SOUL

EMOTIONAL AWARENESS

靈魂之心

開啟情緒覺察這門靈魂必修課，
走進貫穿身心靈的深度自我探索，
找回內在湧現的真實力量

Gary Zukav & Linda Francis

蓋瑞・祖卡夫 & 琳達・法蘭西絲

著

謹以喜悅、感謝和愛
將本書獻給我們的人類家族

謝辭

感謝我們的共同創辦人——創世紀：全人類基金會（Genesis: The Foundation for the Universal Human），在我們進行情緒覺察的探險之旅時，給予支持和鼓勵。感謝歐普拉、Jeffrey Jacobs，以及 Hollye Jacobs 寶貴的建議和忠誠的支持。此外，尼爾．唐納．沃許給予我們靈感，讓我們想出完美的書名；編輯 Fred Hills 行家的指導，我們都深表感謝。

目次

第二部　逃避的方式

第三部　共通主題

前言

我們有位被收養的蘇族叔叔[1]曾對我說：「侄子，你這輩子會經歷的最漫長旅程，就是從頭到心的這段距離。」他一邊說，一邊輕輕地點了幾下自己的額頭，接著是胸口。

我的靈性伴侶——琳達．法蘭西絲和我仍在這趟旅程之中，你也一樣。每個人都一樣。這趟通往心的旅程，是我們的未來之路，以及唯一一條能創造未來的路。它朝向一體、整合和慈悲而轉變。這是我們每個人都渴望的療癒之路，而且我們每個人都必須去完成這份療癒，如此才能到達自己所潛在、最完滿的狀態。

學會如何體驗情緒，是這條路上最困難的任務之一。許多人的生活狀態是這樣的：即使已經怒火沖天了，卻不知道自己在生氣；即使每天清晨哀傷都如朝日般把人喚醒，卻不知道自己是悲傷的。很多人認為只有當強大的情緒波動在生活中大爆

1　譯註：蘇族是北美印第安人的一支。

發，打亂正常的生活節奏時，那才叫做情緒的體驗。

情緒的覺察——也就是意識到每一刻你所感受到的所有感覺——是非常困難的。因為每一刻我們都承受著那麼多的痛苦，意識到自己的情緒，就是去意識這些痛苦，因此這極富挑戰性、困難且令人感到不愉快。然而這比大多數人所想的要更有價值。因為大多數人無法想像一種沒有強迫、依戀、癡迷和沉溺的生活，無法想像在那樣的生活裡，我們可以跟隨自主的心來行事，對結果卻沒有執著。

如果不進行情緒覺察，就只能選擇繼續掩飾你的痛苦。這麼一來，你的痛苦會以意想不到的方式出現——會扭曲你的行為、改變你的言談、僵化你的知覺，然後造成你不想要的困難後果。

這個選擇已經不適用於這個時代。人類種族正在經歷一場前所未有的蛻變；我們的意識在變化、覺知在變化、價值觀和目標也正在變化。在一個接一個的個體身上，舊的願望正被新的所取代。安逸和權力不再能夠激勵人們前進，就連那些生活在貧困裡的人們也是如此。新的目標，是靈性的成長。一種新的意識正在千百萬人的內心中崛起，我們認識到自己不僅僅是身體和思想、酶和分子，每一個人都不只是宇宙中暫時的存在體。

這種意識正在轉變人類的經驗。這個過程發生時，探索意識的每個層面，並培養致力於對生命做出最大貢獻的決心，就會取代掩飾痛苦情緒的願望。而這有賴於情緒的覺察。

我是基於自己的意願、興趣，以及天分，才選擇成為作家的。我熱愛語言，我喜歡文字和語句的韻律及流動，它們有如衣服般包裹著思想，賦予思想為表達。我喜歡不帶任何歧義地寫作，即使我知道那是不可能的。我知道語言的有限之處，也知道使用語言的愉悅感。我瞭解自身母語的限制，也尊重其他語言在表達思想時的品質和不同體驗。我生來就是要來掌握和使用語言的。我是一條魚，而概念就是我的水。

八年前，我認識琳達不久後，她對我說：「親愛的，語言只是我的第二種交流方式」。現在我們已經共同完成了一本書。琳達的語言是親密關係，她擅長感受式的交流——她對別人很敏感，經常能瞭解別人的感受，在情感的海洋之中，她自信地暢泳。在我們的合作之中，她的挑戰是要讓表達更為清晰，而我的改變則是要對情緒有所覺察。我們倆都努力在自己的生活裡創造出真實的力量——也就是將人格與靈魂對齊。

這就是我們合寫這本書的背景。當琳達處於清晰的狀態時，她的表達非常有力，她的選詞恰到好處，意義準確無誤，表達完美無瑕。而在我敏感時，情感會填滿我的意識，我珍愛人們，能感受到他們的感受以及自己的感受，我熱愛生命。

如同琳達和我一般，你們的內在也有各式各樣的特質——有些已經發展完善茁壯，另一些仍有待開發。琳達和我借重各自的特長，共同創作了這本書，我負責文字，而琳達則添加一些我沒有考慮到的新層面。

過去所有我寫的書內容（和骨子裡）都只是文字——單詞、句子、段落和章節，而這本書卻不僅僅於此。它包含插圖、圖表和勵志短句。更重要的是，它還包含了創造真實力量的練習。真實的力量來自於人格與靈魂的一致，你必須能夠覺察到自己的感受，才能創造出真實的力量，而這些練習，就是用來幫助你達成這個目標的。

這本書的主要練習，就是透視你的身體當下正在體驗的感受。要懂得如何做這個練習、以及它有多麼重要並不難，然而不管你多麼熟悉這些練習，要隨時隨地不停歇真正去觀察自己的情緒，還是需要承諾和努力的。

有些人可以很輕易地就把新練習納入自己的生活中。如果你屬於這種人，便能很快地從練習中吸收到很多益處。其他一些人儘管知道這對於他們的幸福是必不可少的，卻尚未發展出對於新練習的堅持與習慣。如果你是這種人的話，也許可以考慮找位朋友和你一起來做這個實驗，好幫助你記得進行這個重要的練習。選一位可以做靈修夥伴的朋友，請他每天提醒你練習，這對那些你特別抗拒的練習尤其管用。

用你自己的速度進行練習。你可以一天做一個練習，隔天再做另一個，以此類推。你也可以一個練習，持續做一週或一個月，或直到你準備好再繼續往前。以你覺得有效的方法去運用這些練習。請你的靈性夥伴每隔一天就提醒你一次，但要記得，你要為自己的承諾負責，你的朋友只是幫忙提醒你，不能為你承擔責任。

有些人閱讀並理解這本書，然而即使他們覺得這些練習很好，卻不會去照著做。他們並沒有看到這些練習的巨大價值，他們的體驗完全停留在知識上，與他們的身體沒有關連。情緒覺察並不是光憑在心裡想就能達成的，因此，如果你不抽出時間做練習，便無法從這本書中得到益處，尤其是當那些練習顯得特別困難的時候。

能夠察覺情緒，是一個過程。創造真實的力量，則需要一生的努力。本書所包含的真實力量練習是非常管用的。做這些練習時，你也可以考慮用其他有用的練習，或是自己設計練習；你將會發現有很多方法，到最後，你的生活會全部都成為一種真實力量的練習。

本書的每一章節都是整體的一個部分，要理解情緒覺察的中心意義，所有內容都是必要的。你也許會覺得某些章節對你來說並不適用，但在仔細思考後，你也許會改變想法。因為這些章節至少能提高你欣賞別人、以及看見別人人生課題的能力。當你能抽離出來看清楚別人的人生課題時，就更能看清自己。

情緒的覺察，不單是各種情境下的技巧運用。它是一種自然表達的習慣，這種習慣能將你的注意力轉向你所能觸及、關於你自己最高貴、最具意義、最愉悅且最有力量的部分。那就是你的靈魂。

共同創造不僅僅是合作而已。它通常會在成員中每個個體都能共同努力，且每個人對更偉大、更崇高的嶄新想法都能敞心胸開時出現。他們不會對彼此強加自己的想法，而是一起尋找一個能令每一個人都滿意的解決方案。他們不滿足於彼此的妥協，而是會去尋求共同創造的滿足。他們只會在每個成員都說：「是的，這正是我想要的，這是完美的」時才停下來。

《靈魂之心》對我倆來說，就是這樣的一本書。它是我們共同創造的禮物，我們也在此將它分享出來。

愛你們的，蓋瑞．祖卡夫和琳達．法蘭西絲

第一部
基礎知識

新的人種

感覺安全、有價值、以及被愛的需要，一直都位於人類體驗的核心之中。這些需要，和對食物與居所的需求同樣地強烈，它們創造出狩獵、農業和房屋，也創造出服裝、社區、國家與城邦、以及教育。還創造出了科學、交通運輸、通訊科技、家具，以及所有在自然界之中找不到的物品。這些需要，驅使我們去細緻觀察自身的周遭，並有效地使用它們。

從人類物種誕生開始，對於安全感、價值感和被愛的需要，就讓我們一直將注意力放在外在。這種需要促使我們去研究礦物、植物、與動物的王國，並讓它們為我們所用。即使在那些尊敬上述物種的文明之中——例如原住民文明，與這些物種之間建立和睦的關係，目的也是為了要提高人類生存可能性。

我們是如此習慣向外尋求、以滿足自己的需要，以致於我們幾乎不曾注意到自己有這種習慣。這已經變得非常自然了，千萬年來，這也一直都很有效。創建居所、尋找食物、撫養小孩、並送他們上學，曾讓無數人感到安全、有價值和愛。

然而這不再奏效了。相同的需要依舊存在，不過只是向外看、向外尋求，再也無法滿足我們。這成了一個問題，因為向外看與向外尋求的習慣仍舊非常強烈，大部分的人想都不用想就會這麼做。這就是我們寫這本書的原因，感覺安全、有價值和被愛的需要，現在已經無法只透過生存或是為了提高生存可能性所從事的活動來得到滿足。從前在火堆旁圍坐、分享狩獵得來的食物、在寒夜裡裹著動物毛皮做成的長袍入眠所獲得的感覺，現在已不如以往那樣令人滿足了。

現在，我們的滿足來自於運用自己的生命、家庭、友誼和社群，去創造一個更大的目標：靈性的成長。人類物種知道如何獲取溫飽，也知道如何保護自己、培育生命，然而發展更大的外在權力，也就是去操縱並控制外在的事物，卻無法解決我們必須面對的、愈來愈嚴重的各種問題。**數以億計的人還過著貧困的生活，他們飽受飢餓，遭受壓迫、羞辱和暴力。要改變這種境遇，有賴於我們的心。**這需要我們發展出能感受他人的痛苦和喜悅，並將他人的需要與自己的需要同樣嚴肅地對待的能力。

更快的飛行工具、移民太空和網際網路，以及更高效的農業，都無法讓我們變得慈悲和智慧。更大的房子和更多的車輛也不行。慈悲和智慧是靈性成長的產物，無法被統一規劃、也無法大規模生產、發送到全球各地。它們不依賴規模式經濟、廣告和廉價勞力，與政府政策無關，而是關乎個人的意願。它們是密集勞動的成果，只不過這種勞動是內在的。

無論資訊時代或服務業，都無法提供慈悲和智慧。沒有一個人可以把智慧和慈悲給另一個人，不過現在所有人都感到了這種渴求，而這是不會消失的。飢餓的母親和她們飢餓的孩子、無家可歸者與不被愛者、貧窮者與重病者、囚犯和逮捕他們的人，還有數以億計活在內在痛苦中的人，他們一直與我們同在，因為我們正開始意識到每個人彼此之間都是不可分割的。他們的痛苦就是我們的痛苦，我們的痛苦也是他們的痛苦。他們的喜悅就是我們的喜悅，我們的喜悅也是他們的喜悅。如果我們為了生存，經歷了不必要的痛苦、施加和遭受暴力、為了生存而壓迫彼此、或壓榨地球，那麼不管我們的生存會變得有多麼安全，這些都無法再令我們感到滿足了。

靈性成長現在正取代生存，成為人類體驗的中心目標。對於來自各種不同文化、種族、性別、經濟狀況和宗教背景的人來說，靈性成長開始變得有吸引力。即使很多人還在因暴力、貧窮和飢餓而受苦，把靈性成長當做目標，還是比提供保護、食物和金錢更有前景。靈性成長讓我們對創造出我們是誰、還有我們的目的是什麼，有嶄新與深刻的理解。

練習：超越生存

你可以做這個簡單的練習，以瞭解自己為什麼會做這些事、擁有這些東西。要深入地看。

花點時間靜下來。思考你為何要吃東西和做運動？為什麼你現在開的是那種汽車、擁有那樣的伴侶和家庭？

問問自己：「我是為了生存、為了讓自己感覺更為良好，還是為了讓自己感覺更安全，才擁有這些呢？」

靈性成長——即觀看內在——正在取代對外在權力的追求，也就是向外探求、藉此操縱和控制，成為人類體驗核心中不安全感的對症解方。**我們正在學習如何觀看內在，以找到不安全感的根源，並將之連根拔除**，而不是透過重新安排外在的境遇，來讓自己感覺更安全、更有價值和被愛。

找一個新的妻子或丈夫，換一間更大的房子、或一輛更好的車，都是在尋求外在權力，也就是試圖透過操縱和控制外在世界，讓自己感覺到更加完整與安全。透過智力、美貌、財富、教育、肌肉，還有最新流行的髮型來得到這種感覺，也都是在尋求外在的權力。每一次設法獲得外在權力的嘗試，都會製造出暴力和破壞。對外在權力的追求，在國家之間製造了實質的暴力和破壞，每天的新聞報導中都可以看到。對外在權力的追求，在個人之間則製造了情緒的暴力和破壞，你自己就能驗證這一點，舉例來說，你可以試著堅持不懈地勸說一個朋友，叫他或她去做不想做的事。

破壞性的後果並不是技巧、才能、房子或者汽車所造成的，而是想藉此操縱和控制別人以獲得價值感和被愛感的意圖。也不是網際網路、太空殖民或者高效農業的發展造成破壞性的後果，而是人類物種因為創造了這些，就把自己看得比所有其他一切更為高等、優越的意圖。只要我們還在以任何方式向外尋求，以減輕自己的無價值感和無歸屬感，就會將暴力和破壞帶入自己的生活當中，不管是在個人層面還是集體層面皆是如此。

練習：列一個清單

思考一下你每天的所有活動。從起床開始，把一天的行程在腦中從頭到尾走一遍。將你的行動和財物列出一份清單，並針對每件事和每樣你所擁有的東西，問下述問題：

「我做這個或者擁有這個是為了生存嗎？」

「我做這個或者擁有這個是為了更有保障嗎？」

「我做這個或者擁有這個是為了讓自我感覺更良好嗎？」

「我做這個或者擁有這個是為了讓自己感覺比別人更好嗎？」

「我做這個或者擁有這個是為了更有安全感嗎？」

對每一個回答「是」的部分，問問自己：「我該怎麼樣才能以一種不同的方式，來看待這些事或所擁有的東西？」比如說：「不是為了讓自己感覺更好、或是更有安全感而去吃東西，而是為了照顧好自己的身體才去吃東西。」「不是為了讓自己感覺更好而去找配偶，而是為了能和他或她建立一段真正的伴侶關係。」

把這件事變成一個習慣：在做任何事情之前，問問自己：「我做這件事的意圖是什麼？」

這種意圖讓人類物種得以長期生存，但這劑藥現在已經不再有效，事實上，它簡直成了毒藥。我們的確需要房屋、農業和科技，然而並非是要讓我們覺得自己比其他人、或其他物種更優越、更高等。我們需要這些事物，是為了達成靈魂的目標，這個目標是要將我們結合在一起，而不是相互分離。我們需要這些事物，是為了要創造更多的合作，而不是成為彼此競爭的手段；是為了進行分享，而非為了囤積。我們需要這些事物，是為了分享我們對神聖的感知。

只要你還擁有某些想要向外尋求的部分，藉此讓自己感覺到安全、有價值和被愛，就應該要找出來，並且療癒它們。這些部分是想透過造作出來的外表、新衣、更大的房子，或是其他能讓你感受到在這個宇宙中有歸屬感、被其他靈魂所接受的，來獲得這種安全感。

宇宙是你的家，而你在宇宙中的靈魂夥伴都和你一樣，各自有各自必須去面對的困難和挑戰。他們是你的同事，你也是他們的同事。我們都在獨特的環境中各自學習，每個人內在所有需要被檢查和療癒的部分，都會在他個人的親身體驗中被揭示出來。

我們學習的環境就是地球學校，它非常大，所有五官能夠感測到的事物，都是它的一部分——從最遙遠的星星到最基本的次原子粒子。你、你的家人、你的朋友，還有其他所有人都在這個學校裡面。過去，我們為了生存而學習地球學校的一切事物；我們學習如何尋找水源、種植食物、生火和建造庇護處所，我們發展出科學和技術。但是現在這些東西沒有一樣能夠使我們更加進化了。

現在，我們的注意力正發生一百八十度的大轉變。我們正在學習如何掉頭看看過去未曾注意到的地方——也就是我們內在的風景。一個新的人類物種正在誕生，新物種和舊物種之間的區別在於，新的物種知道，雙眼後方的，比眼前的更來得重要。**新的人類物種將外在世界的事物、互動和體驗看作是內在意圖、情緒和思維的反映。**

練習：地球學校

閉上眼睛。想像自己身在一間前所未見的巨大教室裡面。這間教室沒有牆和門。這裡有著一切我們所能看到、聽到、嚐到、聞到和碰觸到，在這裡所做的每一件事，都是學習的一部分，這裡每一處都充滿豐富的學習機會。

人類物種的新境界，在於學習優先看待內在的體驗，並且把外在情境視為次要。舊物種探索物理世界，透過操縱和控制所發現的事物來創造安全感。新物種則透過尋找內在不安全感的起源，並治癒它們，來創造出安全感。這就是通往真實力量的路徑。

真實力量

真實力量，就是將人格與靈魂對齊。真實力量的創造，完全不同於外在力量的追求。我們對於如何去追求外在力量都很熟悉，因為自從人類物種起源之際，我們就開始這麼做。正因為如此，要發現它不再能帶我們去到想去的地方，是非常困難的一件事。追求外在力量曾經帶給我們有益的結果，然而現在只能帶來相反的後果。

創造真實力量，需要畢生的努力。它要求你每一刻都要能夠覺察自己的感受，以及正在做出的決定。**真實力量的創造會讓你不得不面對自身最不健康的部分——去責備、批評、評判、怨恨、嫉妒和仇恨別人、自己，還有宇宙的部分。**這些是必須被找出、承認和改變的部分，也是絕大多數的人想在其他人身上、而非自己身上改變的部分。

本書是邁向真實力量的一部分課程，這些課程提供你一些能用來創造真實力量的工具，但是否能夠妥善使用，則要看你自己。要知道你無法只透過讀書、聽講座和看電視節目來獲得真實力量，只有在下定決心去改變時，生活才會有所改變。

練習：注意那些不健康的部分

如何覺察自己想要改變別人和世界，而不是改變自己呢？

有以下行為時，請注意：

- 你覺得正確的時候
- 你想要防備和辯護的時候
- 你感到生氣的時候
- 你責備他人、自己和宇宙的時候
- 你挑剔自己的時候
- 你感到煩惱的時候
- 你評判別人的時候
- 你對某件事或某個人有痛苦反應的任何時候

在每天的活動之中，注意自己是否有上述的感覺出現。每當注意到自己有以上其中一種反應時，跟自己說聲恭喜！

改變生活並不意味著找到一份新工作、一個新配偶，或是搬出或搬回父母家。它意味著能清楚看見自己內在的衝動：那就是你想透過控制、改變他人或是周遭情境，來變得更有價值。

當你成為自我價值的來源時，你還是會去買衣服、買房子和理髮，然而你不再為了想要影響別人、或是想給別人留下深刻印象，而去做這些事。你將開始有意識地做出選擇，而非無意識的。透過慈悲之心和智慧的指引，你便能自由地說出並做出最適當的言行。你能夠沒有恐懼地生活。你能夠給出自己此生所能給予的一切，並接受宇宙提供給自己的所有事物。你能與他人和諧地相處，但依舊做真實的自己。

練習：你想要改變什麼？

列一個「你想要改變自己哪些部分」的清單。比如說：

「與夥伴之間的權力爭鬥。」

「對權威人物的不愉快感。」

「對他人得到我想得到的工作的怨恨。」

真實力量就是全心處在當下。它是不受限的保持創造力。它是享受所有圍繞在你四周的生命。它是關懷和被關懷。它是隨時覺察自己所有的感受。它是生活在喜悅之中。它是如此地充滿力量，以致於任何想透過強迫來展現力量的想法，都不會出現在意識之中。

這就是此刻正在召喚你的生活。新人種的價值、認識和目標並非是一開始就發展完全的。我們都處在一種對自己和這個宇宙有更完整、更豐富、更全面認識的過程當中。我們開始窺見一種生活方式，對舊人類來說是不可能的，那使我們在地球上生活得更滿足、且更有能量。我們正開始覺醒並意識到我們是自身體驗的創造者，以及我們需要對自己的創造承擔起責任。

真實力量是不受恐懼、自我懷疑和自我仇恨限制的人類體驗。當你找出並開始挑戰自己內在那些會去評判、指責、絕望、嫉妒和仇恨的部分之際，就是在去除阻擋在你和自己真實力量之間的障礙。而當你找到、並讓內在那些對自己及所有生命都感恩的部分逐漸茁壯之際，你就是在培育真實的力量。

嚮往和諧、合作、分享和對生命的尊重是很自然的，這些都是一個擁有真實力量個體的意願。當你開始發現自己現有的生活，與一個充滿和諧、合作、分享和尊重的生活之間的差別時，創造真實力量的過程就開始了。創造真實力量就是將這種差別減少到完全沒有的過程。本書將幫助你做到這一點，裡面有一些能讓你更接近自己的靈魂的練習，也就是真實力量的練習。唯有透過這些練習，你才能夠創造出真實的力量；缺乏真實力量，你的生活將繼續處於痛苦之中。

創造真實力量是一項主動性的長久活動，需要你的意願和畢生的努力。在這個過程中，如果你變得心不在焉或是疲倦，請瞭解這也是體驗的一部分。因為真實力量是一種不管你在做什麼，都會感到滿足的體驗。真實力量知道此刻跟自己在一起的，正是你需要在一起的人，知道你所說的和所做的一切，都絕對是合宜的，你不會有任何恐懼。

很多人都曾短暫地體驗過真實的力量，也許是在為朋友做頓飯、或是在照顧某人的時候，也許是在一輛載你前往目的地的公車上。我和琳達經常在開工作坊時、寫作時，或是意識到彼此能夠在一起是如此美好時，感受到這種真實力量的存在。我們也常在跟朋友在一起或是與美好大自然獨處時，感受到真實力量。

練習：回憶一下

花點時間安靜下來，回憶一下你生命中曾經感受到真實力量的時刻。回想自己當時的感覺和腦海中出現的念頭。這樣的體驗，對你的生命有產生很大的影響嗎？

希望式的幻想與決心是兩回事。真實的力量無法透過希望被創造出來，無法透過理解來創造，必須要超越心智。好的想法是一回事，實現這些想法，則是另一回事。

創造真實力量的第一步，你需要在任何時刻都意識到自己的每一個感受，只在諸如憤怒、嫉妒、絕望和喜悅等情緒達到最高潮時才意識到它們，是不足的。**你的情緒就是你靈魂力量的作用場，若是無法覺察到自己的情緒，也就無法將自己的人格與靈魂對齊。**

地球學校不是一個能大量製造擁有真實力量個體的生產線。地球是一個學習場所，在這裡的每個個體，都會遭遇為自己量身訂做的靈性成長情境，你的工作就是辨認出每個當下靈性成長的潛力所在並且開發它。

一個擁有真實力量的人，會與宇宙之間形成合作關係，愈發展這種合作關係，他的生活就會愈充滿真實力量。這就是靈性成長的旅程。我們都是地球學校的學生，都在學習同一門課程：真實力量。學習它是什麼、如何去創造它，以及如何去使用它。

情緒

情緒是流遍你身軀的能量之流，不只是化學反應、荷爾蒙、神經傳導素過剩或不足的結果。雖然這些解釋都來自於對神經、化學和細胞結構的長期研究，卻沒有考慮到靈魂，也沒有考慮到情緒在人類進化中的目的。

你可以將自己看成一個行動式處理系統。空氣流經你之後又流出來，當它在你體內時，你使用它、改變它，然後它又回歸大氣。食物也在你體內流進流出，過程中它的型態被改變了。血液流進你的肺中，在肺裡改變後再流出來。每一刻你都在處理空氣、食物和血液，它們流經你，型態也在這個過程中發生了變化。

你也在處理能量。你有一個五官無法探測到的處理系統，那個系統負責進行能量的處理。**能量持續地從你的頭頂流入，流過你的軀幹，然後再回到原來的地方。**這個系統在你活著的每一刻都在運作，就像你的呼吸、消化和循環系統一般。正如你依賴這些系統，你的生命也依賴能量系統的運作。不同的是，你無法在顯微鏡下看到自己能量系統的運作，你也無法解剖它或透過藥物來操縱它。

所有呼吸系統都有肺、以及用來將肺擴張和壓縮的肌肉。然而每個個體的呼吸系統都是獨一無二的。沒有一個肺跟另一個肺完全一樣。肺很複雜，無法被複製，每個肺就像它的擁有者一樣，與他者是不同的。你見過完全相同的兩個人嗎？沒有，即使是同卵雙胞胎也不完全一樣，雖然看起來非常相似，但他們有不同的才能、興趣、欲望和目標，他們只是在較表面的層面上顯得「完全一樣」。

人類所有的處理系統都是如此。你的消化系統是獨一無二的。你有別人所沒有的過敏症狀，你對某些食物的特定反應是別人不會有的，你的消化系統每一刻的狀態都不相同。消化的過程在每個消化系統中都很相似，但每個人的消化過程都是如此複雜，以致於沒有兩個完全相同。食物可以輕易地穿過某些人的消化系統並毫不費力地被轉化，他們的消化系統工作得非常順暢、效率也高。然而在另一些人的消化系統中，食物會滯留不動，這些人的消化系統效率很低，令人痛苦。

你的能量系統也同樣獨一無二。有些人的能量系統工作順暢且毫不費力，有些人的則洶湧混亂，使人疲累不堪。雖然有一些基本的相似之處，但每個人的能量系統都是獨一無二的。

能量從頭頂進入你的身體，然後會在流經你的軀幹時，在不同的位置受到處理，就像食物從你的嘴巴進入身體後，在消化系統的不同地方被處理消化一樣。食物進入你的胃，然後是腸道的上部、腸道的下部。不同的位置會進行不同的消化過程。

你的能量系統也發生類似的事情。**當能量在不同位置以不同的方法處理時，就會產生不同的情緒**。當能量在某個位置以某種方法被處理時，某種情緒就可能產生，例如憤怒。能量在同一個位置以另一種方法被處理時，另一種不同的情緒則會產生，例如高興。情緒會告訴你能量在自己體內的什麼地方、以什麼方式被處理。

一旦你能夠以這種方式理解自己的情緒，就可以運用情緒，來檢查自己能量系統的運作狀況。你能夠將自己的情緒，比如說內疚、悲傷、恐懼和憤怒，看作是能量在自己的能量系統中以不同的方式被處理後的結果。

如果胃裡胃酸太多，你可以透過服用蘇打粉之類的鹼性物質，來改變食物在你的消化系統經過時的體驗。又比如說，若你食用的食物能量無法被身體有效吸收，可以吃一些酵素。然而，蘇打粉無助於小腸的吸收，而酵素也無法減少胃酸。你必須知道在何種情況下吃什麼，才能改變自己消化體驗，為了要達到這個目的，你必須瞭解自己的消化系統。

對能量系統來說，情況也是一樣的。你能夠改變能量流經自己的能量系統時，所產生的體驗，不過要做到這一點，你必須瞭解能量系統是如何運作的。而這些體驗就是你的情緒。

你可以透過食用不同的食物，來改變食物通過消化系統時所產生的體驗；流經你的能量，永遠是純淨且有益健康的，它流過能量系統時會被轉化，然後再回到所來之處。整個過程中它一直是純淨的。你無法改變能量的這種性質，但卻可以透過改變它被處理的方式，來改變你對它的體驗。

練習：有益健康的能量

對你自己說：「流經我的能量永遠是純淨且有益健康的。」

假如你沒有學會跟自己的情緒保持距離，並且理解它們是能量在自身能量系統中被處理時的產物，就無法獲得靈性的成長。比如說，當你變得憤怒，卻無法跟自己的憤怒情緒保持距離，你就會大吼大叫情緒化地退縮，或是以其他方式來做出生氣的反應。當你很高興，卻無法跟自己高興的情緒保持距離時，你會興高采烈，激動興奮到無法控制的地步。

練習：辨認自己的情緒

感覺你的身體，首先是頭部，然後是脖子、胸部、腹部跟髖部。注意看是否有任何緊縮、疼痛或是其他的感覺。

下次當你感到憤怒、受傷、不快或嫉妒時，注意上述部位，看看自己感覺到什麼。

你的情緒（無論是憤怒、開心或其他）並不依賴外在環境，而是由你的能量系統要如何處理能量所決定的。改變他人或外在境遇，也許能暫時改變你的情緒，但是你的能量系統總是會產生另一種情緒，如果你認為這種新情緒也是由外界的人和情境所造成，你又必須再次改變某人或是周圍的事物了。

情緒來自於你的能量系統，而不是你跟其他人事物的互動，這種認識，是非常重要的。你無法不斷去改變別人和外在情境，但是你永遠都可以改變能量在自己的能量系統中的處理方式。你只要知道能量在何處正被如何處理就行了，那就是你的情緒要告訴你的一切。

你的情緒
來自於
你自己的能量系統
而不是來自於
你跟其他人事物
的互動

每個情緒都是一個訊息，一個來自於靈魂的訊號。就算你忽略它，還是會有另一個訊號到來。這個訊息很重要，因為你的靈魂不會忘記它的企圖。如果你將自己的情緒當作是障礙，或是一個你不願去經歷的東西，就表示你並不理解這件事的本質。事實上，每份情緒都帶給你一個重要的訊息，當你忽略自己的情緒時，就忽略了這個訊息。

朋友總是在你有困難時支持你，而最好的朋友則是在你最困難時與你在一起。**情緒就是你最好的朋友，它不會離開你，會持續不斷地提醒你需要知道的事情。**訊息愈重要，它就會更用力向你呼喊。

練習：每個情緒都是一個訊息

回想自己曾感受過的強烈情緒，比如憤怒、快樂、嫉妒或怨恨時的場景。

閉上眼睛回到當時的場景，花點時間感受一下那份情緒在自己身體裡的感覺，你身體的什麼地方可以感覺到它？（比如說在你的胸部、腹部、髖部、頸部或是喉輪？）

回憶一下當時自己在想什麼（比如說當時你很憤怒，你在責備自己、別人，還是責怪自己所處的情境？）

回憶一下那時候自己的行為舉止（比如說你當時很高興，你有大笑或者跳舞嗎？）

如果你知道自己的情緒是來自靈魂的訊息，你會改變自己體驗那個情緒時，所做的事或所說的話嗎？

你會如何改變呢？

一旦你信任一個朋友，你會期待他的每次造訪。你心懷感激地接受他所帶來的禮物，珍視這些禮物，並放在懷中把玩。情緒將宇宙所能給你的、最珍貴的禮物帶來給你，它告訴你，你的能量系統是如何處理能量的。沒有這種認識，你就無法改變。反之，當你瞭解情緒之後，你就能完全清楚自己有哪些地方需要改變，以及如何去改變。

每一份
情緒
都是
靈魂
帶給你的
訊息

沒有哪位諮詢師可以提供你這種訊息，老師、父母或牧師也都不行。你的情緒就是一首專門為你寫的歌。
而你的工作就是去聆聽它。

地球學校

想像一個在城市街角賣報的男孩，他將今天的報紙舉過頭頂，大聲喊著最新的新聞頭條。這就是你在體驗情緒時的狀況，那則新聞愈重要，你體驗到的情緒也就愈強烈。是否跟隨最新的消息走向，是你的決定，但是那個男孩會不停地在那裡叫喊著最新、最重要的新聞頭條。

第二天，他又會在那裡，帶著另一則重要的新聞標題等著你。當你打開電視時，也會看到同樣的新聞頭條。你可以關上電視、取消訂報，但是你無法關上或是取消自己的情緒。**即使你沒有意識到自己的情緒，它也一直在你的內部不斷地產生。**你內在流動的能量系統裡面能量從不停息，你的能量系統也從不停止運作。

每個情緒都有不同的特徵。憤怒比嫉妒消失得更快，復仇則比嫉妒來得更持久。有些情緒比另一些來得更頻繁，有一些則待得更久。這些情緒流就像陣雨，你的情緒陣雨會一直持續到你離開地球學校的那天為止。無論你是否注意到，情緒的流動永遠不會停止，你也許可以做一會兒白日夢，但是遲早會在這樣的情緒陣雨之中醒過來。

你的情緒總是會回來的，每一次它們都在告訴你，能量在系統中是如何被處理的。當你理解了這個系統，你就會知道為什麼自己會經驗到這種情緒。如果想要改變它，你就會知道自己該如何去改變它。

就像身體、天賦和興趣一樣，你的情緒特徵也是獨一無二的。就像你的指紋，只不過你對自己的情緒更熟悉，因為你一直在體驗它，甚至熟悉到你可能會認為每個人的情緒特徵都和自己一樣。但這是不正確的。

你可能更容易生氣，而某個人可能更容易受到驚嚇，另一個則可能更容易嫉妒。你生氣時可能會大喊大叫，但有些人則會退縮起來變得安靜。有些人可能很害怕獨處，需要有伴才能感到安全。有些人需要說個不停，當他們安靜時就會感到害怕，而另一些人則需要聆聽，當他們說話時，反而感覺害怕。

當你開始對自己的情緒變得有意識時，也就開始意識到自己在地球學校要學習的科目是什麼了。換句話說，你情緒風景中的各種情緒，就是你在地球學校的各門課程。**所有地球學校的學生都在學習同一個科目，那就是真實力量，不過不同的學生需要透過上不同的課，才能夠完成。**

每個痛苦的情緒都是一門課。如果你是憤怒的，你正在上憤怒的課；如果你是嫉妒的，你在上嫉妒的那門課；如果你既憤怒又嫉妒，那你就在上這兩門課。憤怒的課並不都是一樣的，嫉妒的課也不一樣。當你憤怒時，如果你把自己與他人隔絕，這是一門課；憤怒時如果你變得蠻橫、音量提高，那則是另一門課。每一種健康的情緒，比如欣賞、感恩、滿足和喜悅，也都是一門課。每一種情緒都有不同的體驗方式，而每種方式也都是一門課。

地球學校的課程數量，遠多於印在一般學校宣傳手冊上的課程。不過你不需要學習所有的課程，當你來到地球上，也就是出生時，你就已經自動註冊了一些特定的課程。當你瞭解關於某個情緒所需知道的全部內容時，就可以從那門課上畢業了。當你修完自己的必修課程之後，就有機會可以選擇其他的課程。比如說，完成憤怒和嫉妒的課程之後，你便受允許去註冊喜悅的課程。在你從憤怒和嫉妒的課程畢業之前，也許你曾對喜悅的課程有過幾次的驚鴻一瞥，不過在這門課程合格之前，你無法整天都在學習喜悅的課程。又如在你完成悲傷的課程之後，就可以註冊感恩的課程等。

地球學校的課程分成兩類——關於恐懼的課程以及關於愛的課程。憤怒、仇恨、悲傷和貪婪都是關於恐懼的課程，喜悅和感恩則是關於愛的課程。當你開始以這種方式看待自己的情緒時，你在生活當中遭遇的所有境況，都開始變得有意義了。你會將它視為能指引自己的完美情境，讓你能看到自己需要檢查和改變的內在動態，這其中也包括你的痛苦情緒。

練習：列出你的課程

花一點時間檢視自己的內在，看看你註冊了哪些課程（比如說憤怒、悲痛、嫉妒、恐懼、仇恨、怨恨、感激、感恩、滿足、喜悅等）。將這些課程列出來，注意到其中哪些是關於恐懼，哪些是關於愛的。如果夠勇敢，你可以和朋友一起做這個練習。

漸漸地，你注意力的焦點會放在情緒之上，而不是那些看似引發那些情緒的人和情況。不要對某個人或者某個情況感到生氣、沮喪或害怕，而是要感謝它讓你意識到那種情緒。**不要試圖去改變那個情境或那個人，而是要透過這個機會檢視你所體驗到的情緒**。

這些情緒來自你的內在，而不是外在。它們是做為老朋友而到來的。你也許認為自己的憤怒是合理的，然而如果你看的是自己的憤怒，而不是那些你所認為、引發了它的不公平之處時，你將會對自己的憤怒感到非常熟悉。你曾在其他的時間和地點感受過它。然而即使時間、地點、人物和情境都在改變，你的憤怒本身卻沒有變。你的悲傷、仇恨和恐懼也都是一樣的。

跟自己的情緒產生這樣的連結之後，你就進入一種可以去改變自己生活的狀態。你無法改變所有讓自己感到生氣、嫉妒或者傷感的人，但是你可以改變自己。當你知道如何做到這一點時，其他人說什麼、做什麼，對你來說就不再那麼重要了，重要的是你對他們的言行做出什麼反應。如果你在生氣時試圖改變的是別人，那就好像想要去改變自己在鏡子裡的映影一樣，你可以對自己的映影無止境地生氣，除非能夠改變被鏡子反射的自己，否則你的憤怒永遠都無法離開。

客棧

人生如同客棧
每日清晨都有一位
新來之客
一時是歡喜，一時是沮喪，
一時又是卑鄙
臨時通知，未期而至
且歡迎和款待
他們全部！
即便這是一群掃蕩你的房間

清空所有家具的
悲傷狂暴之徒
不管如何
對每個客人都以誠相待
他也許只是要清空你的房間
為那即將到來的
新的歡喜
對黑暗念頭
或是羞愧怨恨
你都在門口
大笑著張開懷抱
對每個到來的人
都心懷感激
因為他們每一個
都是來自彼岸的
嚮導

——魯米[2]，選自《魯米精選集》

看向內在，而非把注意力放在外在情境上，是靈性進展過程中的重要一步。當你開始這麼做，就開始將自己的目標由追求外在力量（即操縱和控制的能力），轉向追求真實力量（將人格與靈魂對齊）。

你可以把自己想像成一個學生，在一個永遠不放假的學校裡上課。你有一位特別的輔導老師，這位老師會考慮你已經知道的和已經完成的部分，因此總是能教導你還需要學習的部分。這位老師擁有耐心、智慧和慈悲。學習速度的快慢，則是由你自己來決定的。老師與你密切合作，利用你的每一個決定為你提供體驗，這些體驗是讓你在學業上取得最大進步的可能性。

練習：做一個學生

每天早晨當你醒過來時，提醒自己你是地球學校的學生，今天發生的每一件事，都是為了幫助你學習。

每天晚上回顧一下今天在學校中發生的事情。你一直都記得自己在學校

2 譯註：魯米是十三世紀伊斯蘭神祕主義的重要詩人。

中嗎？你記起來的頻率有多高？你今天都上了些什麼課？（憤怒、喜悅、嫉妒、悲傷等）

宇宙就是你的輔導老師。**你的生活就是你的教室**。在其中發生的所有事，都是為你個人專門設計的課程。在這間學校裡，你不會拿不到畢業證書，遲早都一定會畢業。你可以選擇不做作業，然後無止境地修習同樣的課程；也可以選擇全心投入，加速學習過程。

做為一個地球學校的學生，當你開始覺察到自己的情緒時，你就開始甦醒了。打從出生以來，你就是地球學校的學生了；情緒會為你指出自己需要下功夫的地方。**你在地球學校的任務，不是為了改變自己的父母、老闆、部下或同學，而是改變你自己**。

你最痛苦的情緒，指出了你最拒絕改變的部分。因為你沒有做自己的作業，所以那種情緒也最常出現，你在地球學校的這門課也就一直停滯不動。你同時也在上其他的課程，不過會愈來愈清楚發現，那些課都跟這門自己一直不去重視的課程有關，有些人甚至發現，正是他們沒有認真學習的那門課程，比如憂鬱、憤怒、嫉妒或復仇心，在毀滅他們的生活。事實上，那門課正包含了可以治癒他們長期嚴重病症的良方。

認真學習一個科目，並不意味著要進行閱讀討論或寫篇論文，而是要你去觀看自己的內在。這始於一種認識，那就是：你的情緒，是你自己而非其他人所造成的。當你有了這樣的認識，就不會再去找藉口，說是別人和外在境遇造成了自己這樣或那樣的感受。

認真地學習一門課
遠比
閱讀、理解、討論和寫作更多
如果你想要合格通過這門課
你需要
看向自己的內在
意識到產生那些折磨你的情緒的原因
是你自己
而不是
其他人事物

如果你的腳骨折了，腳就會一直痛個不停，直到你開始關照它。那痛苦並不是問題所在，而是在提醒你，要去注意問題之所在。痛苦的情緒也是一樣，提醒你去注意自己需要治癒的部分，這樣才能實現自己的最大潛能。

當你從梯子上跌下來，責怪那把梯子，並不能治好那根折斷的骨頭。同樣地，衝著那些人和事吼叫或是拒絕付出愛，也無法讓你治癒自己痛苦的情緒。你的痛苦情緒，是源於能量在你的能量系統中被處理的方式。

你無法透過
叫喊、報復和拒絕付出
或是任何其他
讓你把注意力從自己的感受中轉移出去的方法
來治癒你的痛苦情緒
因為
那源於
能量在你的能量系統中被處理的方式

把注意力從外在的情境，轉移到自己的能量系統上，將有助於你開始進行內在的永久改變。

只有你自己可以完成自己內在的永久改變。

處理能量（一）

你的能量系統有七個中心。**當能量從能量系統的每個中心流過時，都會產生一種不同的體驗。這些體驗就是你的情緒。**

想要理解情緒，需要先瞭解這些能量中心，它們在哪兒？它們是做什麼的？你的能量系統無法被X光或核磁共振探測到，能量那些中心也無法在特定的器官或細胞上找到，但是卻和你的器官與細胞一樣真實。它們無法被看到、聽到、碰觸到，或是被聞到和嚐到，儘管五官無法覺察，但卻可以被你的內在體驗探測到，它們就是你的內在體驗。

第七個中心就在你的頭頂。

這裡是能量進入你能量系統的地方，這個中心會連接你和非物質的宇宙。這種連接，在你有生之年當中會持續不停地運作著，當你回家時，也就是回到非物質界時，能量系統才會停止運作，然後你的人格就會消失了。

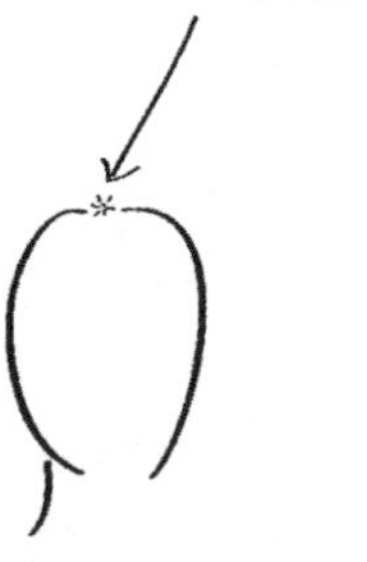

你的人格就是你的身體、你的直覺結構（你是如何體驗直覺的）以及你感知、思考和感受的獨特方式。你的人格誕生於某一天，也會在某一天死去，也就是你的能量系統停止運作的那一天，亦即你其他系統，例如消化、呼吸和循環系統停止運作的那一天。只要你還活著，能量就會從頭頂的中心，流入你的能量系統，然後一直流到軀幹的底部。然後它會倒轉方向，向上移動，最後從它進入的地方離開。它也同時會從你的另外六個能量中心而離開。

能量離開你的能量系統的方式有兩種：恐懼和疑慮的方式或愛和信任的方式。每一刻，你都可以選擇透過恐懼和疑慮來學習，或是透過

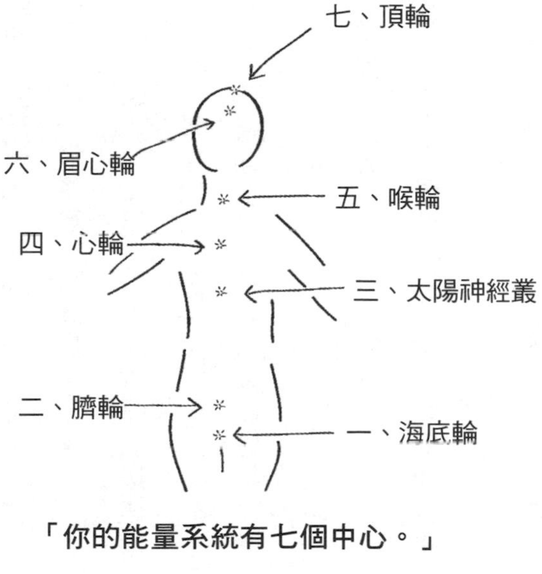

「你的能量系統有七個中心。」

愛和信任來學習。不管你選擇哪一種方式，能量都會持續地通過你的頭頂，進入你的能量系統，再通過能量系統的所有中心而離開。

當能量以恐懼和疑慮的方式離開某個能量中心時，它會創造出一個體驗；而當它以愛與信任的方式離開時，則是創造出另一個體驗。你能量系統的每一個中心，都會創造出不同的體驗，它們會以恐懼和疑慮、或是愛和信任的不同方式，來發散能量。**不管能量在哪裡並以何種方式離開你的身體，它都會製造出某種情緒。**

恐懼和疑慮創造出痛苦的情緒，比如憤怒、嫉妒、悲傷和仇恨。當能量以恐懼和疑慮的方式離開能量中心時，結果總是痛苦的。愛和信任則創造出正面的情緒，比如感恩、滿足和喜悅。正面情緒的產生，總是在能量以愛和信任的方式離開能量中心的時候。

一個獲得真實力量的個體，就是學會以愛和信任的方式來釋放能量的人。想要成為這樣的人，你必須瞭解以愛和信任來釋放能量，還有以恐懼和疑慮來釋放能量，兩者之間的區別。

你的情緒可以告訴你能量在什麼地方、以何種方式離開你的能量系統，它帶給你訊息。痛苦的情緒不是通往快樂生活的阻礙，而是為你指出想要創造快樂的生活，必須前進方向的路標。那方向始終指向你的情緒。

每一個痛苦的情緒都在告訴你，你在以恐懼和疑慮的方式釋放能量。

痛苦的情緒就是這樣產生的。當你熟悉了自己的情緒和能量系統之後，將能看到自己的能量中心如何散發能量，並且看到它們這樣做，是以愛和信任、或是恐懼和疑慮的方式進行的。這就是情緒的覺察。

任何一種痛苦的情緒
都意味著你在
以痛苦和疑慮的方式
行事
說話
思考

你或許認為自己的憤怒，來自於跟一個粗暴無禮的人之間的互動，但是並非如此。事實上，那是因為能量以恐懼和疑慮的方式離開你的能量系統。你或許認為自己的悲傷來自於一個朋友的死亡，但是並非如此。事實上，它來自於能量以恐懼和疑慮的方式離開你的能量系統。你的情緒也許表面上看起來是因為金錢的損失、關係的破裂、得到了想要或是不想要的東西而造成的，但在這些表象之下，它透露出一個更基本的問題，也就是你如何處理能量。在能夠將注意力從表象轉到這些更基本的問題之前，你將會繼續經歷這些痛苦的情緒。

第六個中心在前額，位於雙眼之間。

這個中心讓你能看到比五官所能展示的更多東西。即使別人沒有自我表達，你也能透過它，瞭解別人的意圖。它讓你認出這些體驗是提供靈性成長的機會，並讓你看自己的角度從「我是經驗的受害者」轉變到「我是經驗的創造者」。在體驗的海洋中，這個中心提供方位，讓你看到這個地球學校如何運作以及它的完美性。

一個新的人類物種正在誕生，人們的第六個中心正在一個接一個被啟動。在你的內部，它也正在啟動，否則你也不會看這本書了。一旦這個中心啟動了，你會將整個宇宙——星星和星雲、山川和雲朵、岩石和海洋——都看成是更大的非物質宇宙之一部分，不會再將任何事情看成是隨機發生的了。

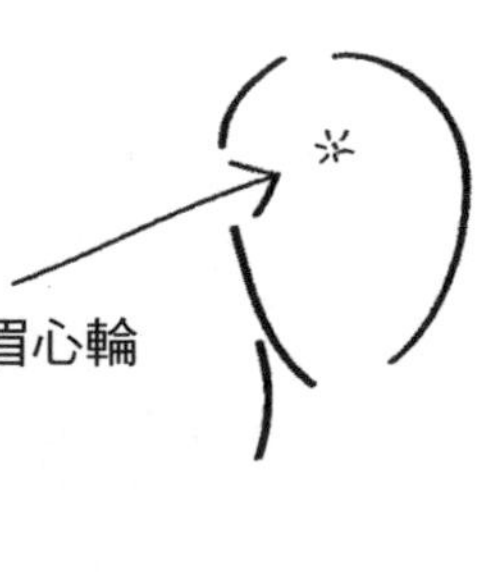

六、眉心輪

當能量以愛和信任的方式離開這個中心時，你能在任何地方看到宇宙的智慧和慈悲；而當能量以恐懼和疑慮的方式離開時，你所看到的就會顯得冰冷和可怕。在第一種情況下，一條林間小道顯得充滿陽光和熱情；在第二種情況下，相同的道路則顯得黑暗和模糊。當你以第一種方式來看那條道路，它在邀請你前行；當你以另一種方式來看它時，它讓你感到害怕。當這個中心以愛和信任的方式處理能量時，你便能清楚地看到自己生活中所有事情的目的，包括自己的情緒。

處理能量（二）

每一個情緒都是身體的一個體驗。情緒是出現在你身體不同部位的身體感覺，當能量從你的能量系統的某個中心離開時，會產生一種身體的感覺。

情緒覺察就是注意到此刻你身體有什麼感覺，以及這感覺出現在哪裡。這些感覺還有位置是很重要的，它們標示出你如何處理通過能量系統的能量。

能量從不同的中心以恐懼和疑慮的方式離開時，所產生的痛苦是不一樣的，這種區別可以感覺得出來。能量從不同的中心以愛和信任的方式離開時所產生的正面感覺也不相同，這種區別也是可以感覺得到的。

你的能量系統在每個能量中心附近，都會持續製造出身體的感覺，這些感覺就是你的情緒。你的情緒告訴你，每個能量中心是以何種方式發散能量的，以愛和信任的方式或是以恐懼和疑慮的方式。

當能量向下，來到能量系統的第五個中心時，你很容易感覺到它所製造出的感覺。這個能量中心在你的喉部附近。

當能量以愛和信任的方式離開第五個中心時，你能清楚而輕鬆地表達自己。你的聲音圓滿而有力，不會搖擺，不會試探猶豫。而當能量以恐懼和疑慮地方式離開這個中心時，你的表達是緊縮的，你無法傳達自己的感受，脖子和喉嚨緊繃的，說起話來就像強迫把水從一根捏緊的管子中放出來一樣，滴出來的那一點水，比起堵在後面的水的力量小多了。你的聲音微弱且沙啞，會不停地咳嗽或清嗓子。

這些症狀——清楚有力的聲音或是微弱無力的聲音，放鬆的喉嚨或是緊繃的喉嚨，自由的聲音流動，或是想要咳嗽和清嗓子的衝動——都在告訴你，能量是以愛和信任或是恐懼和疑慮的方式離開這個中心的。**能量離開你的能量系統，是一件會產生身體體驗的真實事件，當你將注意力放在自己的身上時，就可以輕易地觀察出來。**身體的體驗不僅能告訴你，能量是在通過哪個能量中心時發散了能量，還會告訴你這能量是如何發散的。

認識到能量在何處、以何種方式離開你的能量系統，就是靈性成長的基礎。當你擁有真實力量時，你會無法忽略自己的恐懼。忽略自己的情緒，就等於忽略自己的恐懼和喜悅。**所有的情緒都源自同一個地方，就是你的能量系統。**每一個情緒都將你的注意力引向這個系統，早晚你會接受這一點，那就是你的靈性之旅開始的時候。

練習：自由地表達

想像跟一個讓你感到安全的朋友在一起，注意自己喉嚨和脖子的部分，注意自己聲音的品質。你感覺喉嚨有任何阻塞嗎？你感覺自己在清楚地表達自己嗎？

想像你跟一個令你感到畏懼的人在一起，喉嚨和脖子的感覺又是如何呢？你聲音的品質是怎樣的呢？你感覺到喉嚨有任何阻塞嗎？你覺得自己在表達想要表達的嗎？

下次與人交談時，做這個練習：注意自己喉嚨和脖子的感覺是放鬆的或是緊張的，聲音是清楚有力的或是微弱刺耳的，以及你是否真的在表達自己想要表達的。

前三個中心形成一組。透過這組能量中心，能量會進入到能量系統中，讓你的感知超越五官的限制，並能給予你去表達自己的力量。這就是旅程的開始。

下一個中心是你的胸部。當能量從這個中心以愛和信任離開時，會散發出溫暖和慈悲，你會感受到與所有生命的連結，每一個人都成為你的親人，包括植物、動物、鳥和昆蟲也是。你感受到所有一切的痛苦和喜悅，你關懷它們，你是敞開與熱情的。

四、心輪

當能量以恐懼和疑慮的方式離開這個中心時，你是冰冷而疏離的。對你來說人們就像物體一樣，你對事物比對鄰居更感興趣。你的各種關係也是表面而淺薄的，你像在分析、比較和評價思想和理論一般，去分析、比較和評價人。你只重視那些對自己有用的人，對那些在你眼中看來沒有用的人則不屑一顧，你是封閉且充滿防禦的。

在這些體驗之中伴隨著身體的感覺。當能量以恐懼和疑慮離開這個中心時，你的胸口會痛，這種痛苦是如此強烈，感覺就像心臟病發作一樣。有時它真的會引發心臟病，你的肩膀和背部都是緊張的。如果你不關注自己的身體，會發展成上背部疼痛。

「心痛」事實上不僅是一種情緒層面的狀態，也是一種身體層面的狀態。如果你專注在因為失去而產生的悲痛之中，因無法成就某事而產生的絕望之中，或是對他人的怨恨之中，就無法看到自己痛苦的來源，也無法改變它，而會去再次尋找你所失去的事、去成就另一件事，或是進行復仇。如此一來，你的能量系統對你來說就會一直是個謎，能量也會一直以恐懼和疑慮的方式離開這個中心，並繼續製造心痛。

根治的方法，不是去改變你的處境，而是去改變處理能量的方式。那意味著要在能量以恐懼和疑慮的方式離開這個中心時注意到它，並學會以愛與信任的方式來釋放能量。**在改變自己處理能量的方式之前，你必須學會意識到自己處理的方式**。那就是情緒想要告訴你的東西。

能量在這個中心以恐懼和疑慮的方式被釋放時，會產生痛苦，你會害怕自己沒有那些失去的東西，就無法活下去了。你懷疑自己能否找到代替失去之物的東西，你恐懼自己再也無法變得完整。你懷疑宇宙是否在關照你，懷疑自己是否還值得被關懷。當大量的能量以恐懼和疑慮的方式離開這個中心時，就會產生強烈的心痛。

練習：打開你的心

現在，回憶你對某個人的愛敞開的瞬間，透過這個練習來打開你的心（這個人可以是你的孩子、孫子、朋友，甚至是一個陌生人）。回憶一下當時的場景，和當時你的心附近區域的感覺。

如果你感覺自己的心是關閉的（也就是你的胸感覺到痛），那麼請感覺這份疼痛、深呼吸，同時去回憶你感覺到敞開和充滿愛的那個特殊瞬間。在你的想像中回到那個時刻，持續地想著它並深呼吸，一直到你感覺自己開始放鬆了，即使只是一點點也可以。

當能量以愛和信任的方式離開這個中心時，你在別人需要時願意抽空相陪，對他們是有興趣的，胸部是放鬆的，肩膀和背部是舒服的，你是敞開而開朗的。

這些身體的感覺很容易辨認，不過還是需要你努力去尋找。你的能量系統在提醒你「能量是以恐懼和疑慮的方式被釋放的」這點上尤其有效，因為當這種情況發生時，你的身體會痛。**任何一種情緒痛苦，都在提醒你要停下來、向內看**。當你這樣做時，會發現身體在某些特定區域有疼痛感，這些區域告訴你，能量是在哪個中心以恐懼和疑慮的方式被釋放的。

你胸部的這個能量中心，是整個能量系統的心臟地帶。它位在正中央，連接著上面的能量中心和下面的能量中心。當你以你的心去看、去感受、去理解時，便能直達事物的核心。結合了清楚辨識的能力、以及在日常生活中表達自己的能力，你便整合了自己。當你學會透過這個中心以愛和信任的方式來釋放能量時，你對別人和宇宙變得敞開，且變得感恩，你擁有了一顆強大的心。

處理能量（三）

下一個中心也會在釋放能量時，產生很清楚的身體感覺，尤其是在以恐懼和疑慮的方式散發能量的時候。這個中心靠近你的太陽神經叢，就在胃的上方、肋骨胸口交合處下方的部位。這就是你擔心時會感覺到的中心。

當能量以恐懼和疑慮的方式離開這個中心時，你會在自己的胃窩裡感覺得到，此時身體中央所有的內臟都會受到影響，但胃尤其敏感。每一次恐懼自己無法完成一件對你來說很重要的事情時，這個區域都會感覺到疼痛。

這種疼痛最輕微的表現形式是噁心，或是胃部緊張。如果你長久都在擔心支付房租、養家餬口、找份好工作、受人喜愛或其他種種，胃部的不適感將會加重，此時胃潰瘍就會開始出現了。用五感來看，胃潰瘍是胃酸分泌過度的結果，也

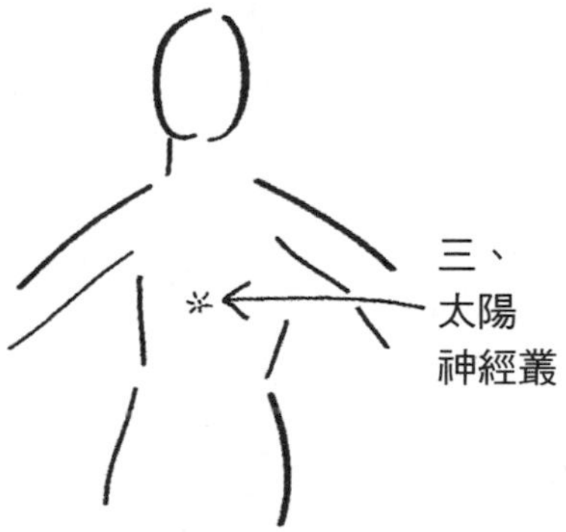

是化學不平衡所致，而這種不平衡來自於腦部神經放電，而這又是神經傳遞素所引起的……。

然而，平衡體內的化學物質、降低胃酸，無法觸及問題的根源。問題的根源在於，能量以恐懼和疑慮的方式離開這個中心。因此治療胃潰瘍的第一步應該是去發展情緒覺察，情緒覺察的發展，就是根治這個問題的開始。

練習：我在擔心嗎？

注意擔心時身體的感覺。比如關於房租，關於做什麼晚餐，關於朋友是否對你生氣了，關於工人沒有你的幫助能否正確完成工作。去感覺你身體裡的感覺，尤其是太陽神經叢這個區域（第三個中心）。

當能量以愛和信任的方式離開這個中心時，你會毫不懷疑自己能完成所需要完成的，你不怕失敗，你知道自己在此時此刻正需要出現在這裡。所有的挑戰都激勵你，你對自己的才能有信心並對擁有它們而感恩。

當能量以愛和信任的方式離開這個處於太陽神經叢的中心時，你是放鬆而自信的，敞開而能幹的。你覺得自己有能力，也的確如此。

下一個中心位在生殖器官的區域，大多數人將這個中心與性連繫在一起。然而它不只於此，它是創造力的所在，你的新思想、洞見、認識和理解都從這裡冒出來。**每一個決定都是一個瞬間的創造**。你創造什麼，由你自己決定。

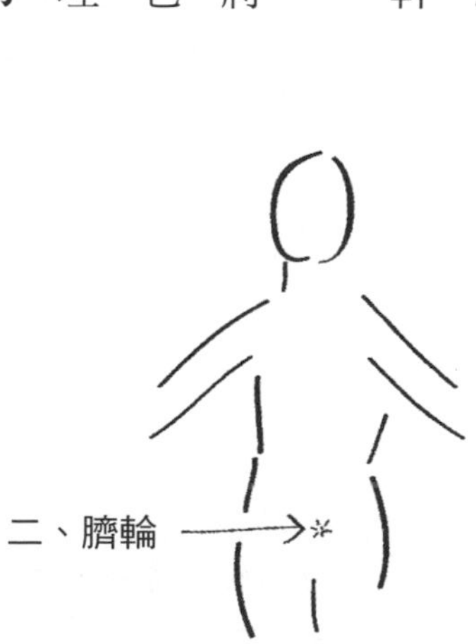

當能量以恐懼和疑慮離開這個中心時，你會創造出各種利用環境和別人的方法，並產生很強的性衝動。你會尋找別人來滿足它，並不在乎別人的幸福，只在乎自己的需要。陌生人對你來說非常具有吸引力，你充滿性幻想，對你來說，這個人或那個人都是一樣的，所有人都是可替代的。

這類的性吸引來的並非「靈魂伴侶」，它代表能量是以恐懼和疑慮的方式通過這個中心而釋放的。信號非常清楚，它緊急地想要進入你的意識。然而性互動不過是一個暫時的解決辦法，那種渴望會不斷地回歸。

真正的問題不是性的渴望，而是能量以恐懼和疑慮的方式離開這個中心。處理問題之前，欲望的折磨會一直存在。實質性的深入關係，是無法快速和輕鬆建立的，需要努力、耐心、勇氣、愛和信任。它需要自我的探索，會照亮恐懼並揭露出你隱藏的、痛苦的和感到羞恥的部分。在這種關係中，性互動表達的是關切和愛。

當能量以恐懼和疑慮的方式離開這個中心時，它將你和別人變成了相互的捕食者，你們相互追捕；而當能量以愛和信任離開時，它將你們的體驗轉變成共同創造出生命的歡慶。

當你認出性吸引力、幻想還有種種欲望，都是關於你能量系統的資訊時，便開始能控制最強烈的衝動，並開始檢視創造情緒的動態。

最後一個能量中心處在軀幹的底部，靠近生殖器的區域，它位在身體軀幹的最底端。這個中心將你與地球連接起來。

用五感來看，地球不過是不同岩質的

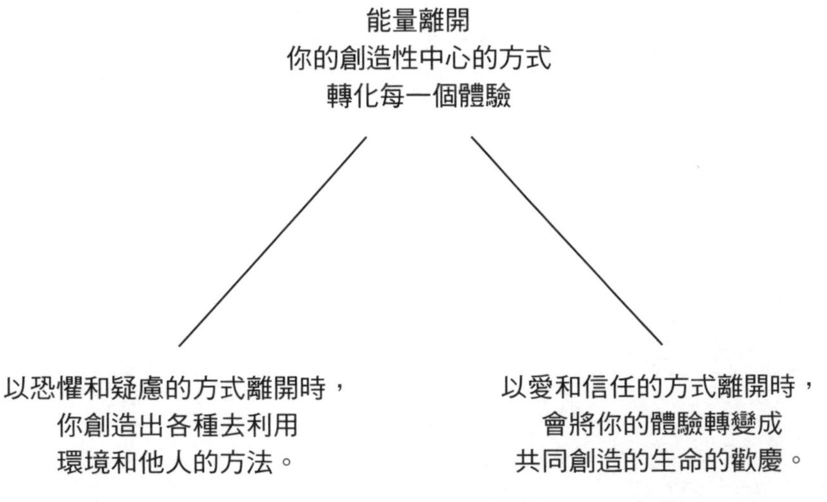
能量離開
你的創造性中心的方式
轉化每一個體驗
以恐懼和疑慮的方式離開時，
你創造出各種去利用
環境和他人的方法。
以愛和信任的方式離開時，
會將你的體驗轉變成
共同創造的生命的歡慶。

地層、和一個熔岩地核的組成，但從目前正在人類物種中出現的多感官的角度來看，地球是一個活生生、擁有巨大智慧和慈悲的存在體。它是兒童童話和原始智慧中的「地球母親」，這個能量中心，就是你的能量系統和活的地球能量的連接處。

這個中心連結了你和地球，就像軀幹頂部的中心將你和非物質的宇宙連繫起來一般。就像一棵樹向著天和地同時伸展，你的能量系統也同時扎根在非物質世界和地球之中。當能量以愛和信任的方式離開這個中心時，你在地球上有家的感覺，地球滋養著你，如同它所養育的一棵樹，你是扎根於大地的。

當能量以恐懼和疑慮的方式離開這個中心時，你不覺得地球像家，所有的東西都成了威脅。你恐懼的遠不只是夜的黑暗、或是落下的岩石，而會恐懼自己的生活，因為你不覺得自己屬於地球。感到壓力時，你渴望離開地球，覺得天空才是你的家，想回到那裡，你認為自己來到地球上是一次偶然的錯誤。如果能量在這個中心是以恐懼和疑慮的方式被釋放的，就會阻礙你學習來到地球上需要學習的東西。

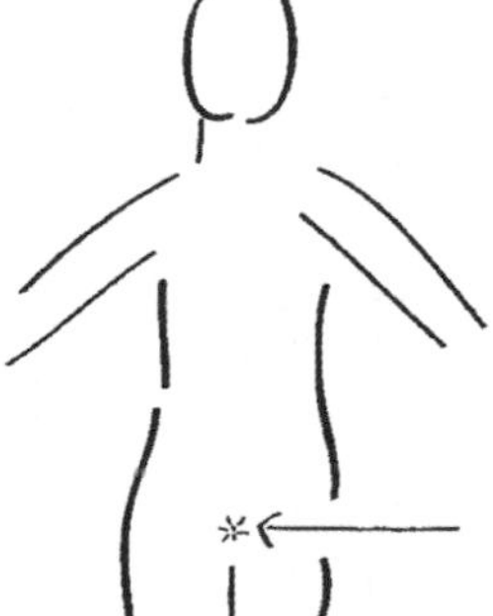

一、海底輪

練習：與地球連接

每天花一點時間感激地球。站、坐或躺在地球上、草地上或房間地板上，讓你感覺自己受到地球支持、被它照顧著。即使躺在地板的地毯上，你也是受到地球支持的，地板和地毯在支持你，但又是什麼在支持它們呢？每天至少花五分鐘，將自己完全交託給地球。

這是一段神聖的時間。

對地球生活的不適感，並不會讓你無法享受欣賞一條瀑布、一座大山或是一片森林，卻會讓你無法放鬆地生活。不管在哪裡，你都會感覺到脆弱，在那不適感之下，是一種對活著的恐懼，而這種恐懼是痛苦的。

當能量以愛和信任的方式離開這個中心時，你不會害怕自己的生活，你扎根於自己的體驗之中，它們會滋養你。你像一棵樹一樣，向天空伸展，但同時也扎根於地球，在自己的生活中看到地球的節奏，從春到夏到秋到冬，有回到家的歸屬感。

當你認出自己有想去別處、想要「回家」的願望時，就知道能量是以恐懼和疑慮的方式離開這個中心的。如此一來，你就不再受它的控制。在地球上時，地球就是你的家。當能量在這個中心以恐懼和疑慮的方式釋放時，它阻止你享受此時此地的生活。而當能量以愛和信任的方式在此釋放時，它為你帶來活力，並滋養和療癒你。

練習：與情緒交朋友

將你的每一個情緒，憤怒、喜悅、悲傷和仇恨，想像成一個禮物。每一個都是一份驚喜。對自己說：「我想知道我將從這個禮物中學到什麼。」

當你不理解自己的能量系統是如何運作時，情緒總是來得突然。有時很愉悅，有時卻又很痛苦。但當你理解了它們，情緒就變成了你的朋友，即使是那些讓你難受的情緒。它們能告訴你能量正在哪裡、以何種方式被處理。

將你的情緒看成禮物，它們正等待你的拆啟。

拆啟它們，是靈性旅程的一部分。

加入色彩

能量一直都在通過你的能量系統的各個能量中心，離開時創造了我們稱之為情緒的體驗。比如說，當憤怒的念頭湧出，你可能會感覺到胸部的緊繃（第四個能量中心）和胃部的不適（第三個能量中心），它們就是能量以恐懼和疑慮的方式離開你的能量系統時所造成的。想像一段性的互動時，你會感覺到被某個人所吸引（第二個中心）或是感覺胃部有一種緊縮感（第三個中心）。在草地上欣賞野花時，你深深地呼吸，感覺到胸部裡的愉悅體驗（第四個中心）等。

練習：掃描身體

掃描身體，感覺每個能量中心附近的區域，讓你的意識從頭頂開始一直往下直到軀幹的底部。如果在某個中心沒有任何感覺，那就繼續下一個，然後再重新來一次。如此反覆幾次，直到開始有一些身體的感覺，尤其是在脖子、胸部和胃部附近的區域。

這些感覺是舒適的還是難受的？

想像你能夠以色彩的方式，看到每一種情緒，也就是在某個能量中心附近所有的身體感覺。**能量在某個能量中心以恐懼和疑慮的方式離開時，會造成某種痛苦的感覺，並會以某種方式「發光」**。能量持續不停地離開能量系統的中心，並以某種方式「照亮」每一個中心。**當能量以愛和信任的方式離開時，你的能量系統是美麗而閃耀的**。當能量以恐懼和疑慮的方式離開時，你的能量系統看起來就沒那麼讓人舒服了，體驗起來更是令人感覺不愉快。

有時能量會以恐懼和疑慮的方式離開一個中心，但同時又以愛和信任的方式離開另一個中心。比如說，你對要進行的工作業績彙報感到害怕，但同時又對自己的朋友感到感恩。這時，你會感到胃部的不適（第三個中心），但胸部和上背部（第四個中心）則是放鬆的。

當你能夠感覺到胃部的不適和胸部的放鬆感時，表示你對自己的情緒是覺察的。感受到情緒是一種身體層面的體驗，而你能學會去辨認它。能夠辨認時，你將會驚奇地發現原來每一刻你都經驗到這麼多的不同情緒，這麼多身體裡的不同感覺。

靈性成長需要去覺察到每一刻你所感受到的所有東西。年紀還小時，你學會如何辨認顏色，父母會一邊指著一種顏色、一邊對你說「綠色」。過一陣子之後，你就能辨認這種顏色了，然後你就會重複「綠色」這個詞。你也可以透過相同的方式學會辨認情緒，只是你必須努力去感受並把它們標示出來。朋友也許會在你沒有意識到自己害怕時告訴你：「那件事沒什麼好怕的。」或是在你沒有意識到自己生氣時說：「你為什麼要生氣？」即使如此，意識到你的情緒並辨識它們，仍是你自己的工作。

能夠做到這一點時，它們就沒辦法再騷擾你了。你將會辨認出內在的身體感覺，並將它們標上「喜悅」、「憤怒」、「恐懼」和「嫉妒」等，最後你將會對自己的情緒（身體的感覺）非常熟悉，就像你最好的朋友一樣，你無須想起它們的名字，就能辨認出來，就像你不用記得顏色的名字也能夠辨認出它們一般。

如果能看到自己的能量系統，還有從各個中心裡散發出來的能量，你將會看到某些顏色比起其他顏色出現得更頻繁。每次能量以恐懼和疑慮的方式離開某個中心時，那個中心就會亮起同一種顏色；而當能量以愛和信任的方式離開時，則會亮起另一種顏色。有些中心較常以恐懼和疑慮的方式發亮，其它中心則更常以愛和信任的方式發亮。一般來說，某種顏色發亮的頻率會比較高，這是因為假如某個中心一直都是以恐懼和疑慮的方式來釋放能量，就會一直保持同一種顏色。

如果能量長期從某個能量中心以恐懼和疑慮的方式釋放，那麼那個中心附近就會產生一些病症。這些症狀可能是背痛、喉嚨酸痛、心痛、肺淤血、消化不良、頭痛或尿道感染等。能量系統的不同中心以恐懼和疑慮的方式釋放能量時，便會產生各式各樣的症狀，這些症狀全都會讓人感到痛苦。從不同的中心以愛和信任的方式釋放能量也會產生各種感受，而這些感受全都會令人感到愉悅。

身體的某個部位出現功能障礙時，表示離它最近的能量中心長久以來都是以恐懼和疑慮的方式運作的，並且還在繼續。這是一個很有價值的資訊，用五感來看，肺炎是細菌感染所致，心痛則是動脈阻塞所引起。從這個角度看，肺炎的處方是抗生素，心臟疾病需要透過切開動脈來治療。**但是所有的疾病都有更深的起因，那就是能量以恐懼和疑慮的方式離開你的能量系統**。

藥物無法改變能量離開能量系統的方式，手術也不能，只有你自己能夠改變它。想要改變能量離開能量系統的方式，就要從隨時覺察自己的一切感受開始，而不是只在極度憤怒、悲傷或是憂鬱時才覺察它們。情緒覺察是一劑預防良藥，早在身體疾病症狀出現之前，它就能探測到能量系統不適的狀況。

如果無法覺察到這些狀況，終有一天你會意識到其後果，也就是身體的疾病和痛苦。**對身體層面的疾病進行藥物治療，是對一個已經發展很久的症狀所做的緊急處理**。這個症狀就像一株植物的花，這朵花其實是這棵植物最後長出來的部分。藥物治療只是摘去這朵花，那株植物卻絲毫未動。

身體層面的病症無論出現在哪裡，都是能量長期以恐懼和疑慮的方式離開你的能量系統的結果，否則這些病症無法出現在你的身體裡。就像沒有植物，花便無法出現一般，醫學是研究這些花的科學，而靈性成長研究的則是這些植物。這始於情緒覺察。

讓能量以愛和信任的方式從你的能量系統中釋放出來，能創造健康和活力。它以一種不同的方式照亮每個能量中心，帶來感恩、喜悅和滿足。你看不到這些顏色，但是能感覺得到。這時，你充分體驗到愛與意義，全然地處在當下。你心情愉快，散發光彩。你欣賞每個境遇和事件，包括那些別人認為是悲劇性的境遇和事件。

這就是能量以愛和信任的方式離開你的能量系統時，所產生的體驗。

這也是真實力量的體驗。

掃描

汽車上的儀表板會隨時告訴你引擎的工作狀態，汽車的引擎是否過熱？是否正常充電？油壓和汽油夠不夠？以及是否在正常的工作範圍內運行？不管你是否盯著它看，儀表都在運作，引擎也在運作之中，直到出現故障為止。儀表會顯示哪裡出現故障，但如果你都不去看它，永遠都不會知道它顯示了些什麼給你看。

引擎可以在沒有充電的情況下運作一段短暫的時間，但是它遲早會停止運作，並且無法在未充電的情況下重新啟動，因為電池已經耗盡了。充電系統剛開始出現問題時，儀表板上的電量表就會顯示，但引擎只有在電池所有的電量都耗盡時才會停止運作。相對的，油表也一樣，不管引擎調整得有多好，當汽車沒油了就會停止運行。油量變低時，油表上就會顯示，但是如果沒有人去看它，就不會知道發生了什麼事。

引擎無法在油壓不夠、或是過熱的情況下運作太久，如果沒有立即改善這些情況，引擎就會徹底毀損，這時候唯一的選擇就是更換引擎，但這是非常昂貴的。如果你在一個找不到人可以幫忙換引擎的地方拋錨，就只能在車旁等待、晃蕩或是做一些其他的安排。

沒有人會在深夜的曠野中幫你換引擎，沙漠和森林裡也沒有修車廠。當引擎停止運作時，如果車外的溫度很低，車內也會變得非常寒冷。引擎停止時，機動煞車和動力方向盤也會失效，如果引擎是在車子高速行駛時突然停止運作，就非常危險。

這一切遭遇（從一點點的不便到生死攸關）都是能避免的，只要你時常看看顯示引擎狀況的儀表板。飛行員經過學習後，知道每隔幾秒鐘就要掃視儀表板一遍，而大多數的汽車駕駛卻好幾年才檢視一次汽車儀表板上的各個儀表，當然，油表除外。這就是為什麼這麼多人的車子會突然拋錨在高速公路上、在一個陌生城市的陰暗街道，或是從超市回家的路上，因為他們平常並沒有給予提供資訊的儀表板足夠的重視。他們的車不會在資訊剛出現時，或是你不再查看儀表板的那一刻起，立即就停止運作，不過終有一天麻煩會來臨。

身體就是你的交通工具，而不是反過來的。**你是一個暫時使用你身體的靈魂**。交通工具的引擎就是你的能量系統，情緒不斷為你提供關於能量系統工作狀態的相關資訊。不管是否留意到這些資訊，交通工具都會繼續為你服務，它的引擎，也就是你的能量系統，也會繼續運作，直到某個問題變得嚴重為止。假如你一直在觀察能量系統如何運作，當問題出現時，就能馬上看到。

情緒是顯示能量系統運作狀態的儀表。查看你能量系統的儀表，意味著注意你的情緒，也就是去覺察能量在每個能量中心是如何被處理的，這也代表每一刻都去留意每個能量中心附近有什麼樣的身體感覺。

練習：掃描能量系統

掃描你的能量系統，對你的身體從上到下進行一次有意識的掃描。首先將注意力放在頭部頂端，也就是第七個中心之上，然後讓它逐漸下移到軀幹底部。看看身體的每個部分有些什麼感覺，尤其要留意每個能量中心附近的感覺，比如喉嚨、胸部和胃部。然後再重來一次。

每天練習一次，然後是一天兩次、三次。記得要掃描是第一步，一旦建立了這個習慣，你就會期待規律地去掃描你的能量系統。最終的目標是，不管在做什麼事，都能持續不斷地掃描。

飛行員都知道在飛行中要不斷地查看儀表板，他們一邊駕駛、一邊通話、一邊操作，同時也掃描各個儀表的運作情形。他們查詢地圖、看天氣、討論飛行計畫，同時也掃描各個儀表的運作情形。不管在做什麼，他們都會同時掃描各個儀表。

片刻不停地掃描能量系統的每個中心，這就是情緒覺察。在生活中創造真實力量的人，都知道如何去做，他們留意身體的各種感覺以及它們出現在哪裡。他們注意到右肩緊繃、胃部的疼痛、胸部的沉重感、或是下背部的某處痙攣。他們不會將這些感覺當成偶發事件，而會認為是能量系統提供的資訊。

忽略這些資訊並不會導致你的交通工具（也就是你的身體）馬上失靈，但是持續忽略它們就會導致故障，可能會發展成胃潰瘍、關節炎或心臟病，好讓你將注意力放回能量系統上。如果你繼續忽略這些資訊（也就是情緒），那麼能量系統將會創造出一些很艱難的身體狀況，讓你無法忽略它。

那就是你進醫院的時候了。在醫院裡，你會重新評估自己生命中種種優先順序。在那裡，你必須跟自己的身體待在一起，無法分心。你將開始注意情緒儀表在告訴自己些什麼。此時因為宇宙的慈悲，你被引領到自己的情緒以及那些製造它們的深層動態意識面前，也許會以一次突如其來的疾病顯現出來。然而**沒有任何疾病是突然發生的**，身體層面的疾病有更深的根源，總是需要較長的時間來發展並顯現。

情緒覺察能讓你對重大的生命改變做出自發性的選擇，而不必透過身體疾病而被迫做出改變。它讓你在每一刻都能觀察到自己的能量系統是如何處理能量的，並探測出對你而言最佳的改變方式。不管是否注意到，憤怒、嫉妒、悲傷、貪婪、仇恨，以及其他各種形式的恐懼，都會創造出不穩定、消耗能量的身體感覺，以及相關的思想。這些感覺和思想就是你的儀表指數。

感恩、滿足、成就感和喜悅也會製造出身體上的感覺，以及相關的思想，這些感覺和思想是滋養性和支持性的。它們會帶來健康、均衡與活力。情緒覺察讓你能夠一直覺察到這些感覺，不管你在做什麼、說什麼或是想什麼，就像一位飛行員一直看著告訴他各種資訊的儀表一樣。

多想一下

思想與情緒相伴而生，大多數人並不能熟練地辨認出這種組合。對他們來說，情緒顯得強大而無法控制。**一個情緒愈強烈，身體也愈覺得痛苦，與之相伴的思想也益發具強迫性**。當你還將自己禁錮在這樣的思想裡時，是無法消除這傷痛的。這些痛苦的體驗就是大多數人稱之為憤怒、嫉妒、仇恨等感覺的體驗。事實上，你每時每刻都感受到身體的感覺，並冒出一些念頭。

感覺與思想相伴，思想與感覺相隨。如果你只意識到身體的感覺，就無法意識到自己在想什麼。如果你只意識到自己在想什麼，就無法意識到自己身體的感覺。但如果能同時意識到兩者，你將注意到身體裡的感覺，總是與特定的思想同時出現。組合的模式開始顯現，過一陣子之後，你就能夠辨認出來。比如說，你可能會發現對於暴力畫面的想像，總是伴隨著胃部的疼痛和胸部的緊繃，反之亦然。你可能會發現胃部的某種的疼痛感和胸部的某種緊繃感，跟某些特定類型的思想，總是一起發生。

當你注意到了其中一個——身體的感覺或是你的思想——你就知道如何去找到、發現另一個。如果你感覺到身體裡的一處痛苦，就能觀察到當時自己腦中念頭的類型；如果你注意到自己腦中的念頭類型，就能注意到自己身體裡的感覺，以及它們在何處。

練習：想一想

你是不是通常都只注意自己的念頭，卻沒有留意自己的身體的感覺？或者你留意到自己身體的感覺，但是卻沒有意識到自己的念頭？還是你同時意識到兩者？花一點時間注意這些。

有些人對身體的感覺比對自己的念頭更有意識，另一些人則對自己的念頭比對身體感覺更有意識，還有些人則認為自己什麼也感覺不到。**如果你認為自己是那種什麼也感覺不到或是感覺很少的人，那麼再仔細感覺一下，其實每個人都能感覺到身體的疼痛。**

當能量從能量系統的某個中心，以恐懼和疑慮的方式離開時，會在那個中心的附近區域製造疼痛。並非感覺到「情緒」才能感受疼痛，你只需要去感覺自己身體裡的感覺就行了，這就像當你刺自己的腳趾時，自然會感覺到疼痛一樣。情緒的疼痛並不在於一個手指或腳趾上，它影響的是身體的一大片區域，包括你的喉部（第五中心）、胸部（第四中心）、太陽神經叢區域（第三中心）和更多的地方。

練習：從頭到心

當你發現自己有個念頭，卻沒有感覺到身體的感覺時，將你的注意力從頭移到心，然後問自己：

「我現在的感受是什麼？」

「我的能量系統中哪裡有實際的感覺？」

「為什麼我只是在思考，卻不去感受，我在逃避什麼？」

發現能量從能量系統中離開時，是以恐懼和疑慮的方式，就像發現你罹患支氣管炎、胃痛或是咽喉痛一般，如果你尚未發現這些感覺，是因為你已經習慣了它。一個人視力漸漸變差的時候，無法意識到他看東西的能力正在改變，到最後雖然他的視力已經比原來差了很多，但是對他來說，此刻的模糊視力也顯得正常。這是因為他是用昨天、上週或是上個月的視力來對照現在的視力的，從這個角度來看，他的視力似乎沒有什麼改變，但事實上早就變差了。

對痛苦的感覺變得習慣，也是類似的過程。痛苦一直都在時，就顯得正常。再過一陣子，它就變成正常的了。一個每天都在受苦的人只能透過昨天、上週或上個月的痛苦來和今天的痛苦程度進行比對，從這個角度看，他感覺不到痛苦，還覺得挺正常的。他不知道沒有痛苦的生活是怎麼樣的，因為他已經忘記了。他相信自己沒有感覺到任何痛苦。

在父母或同輩不允許一個人表達痛苦時，這種情況有時也會發生。男人教導男孩不要把痛苦表達出來，當男孩成了男人，他們也繼續這樣教導下一代的男孩。即使肉體的痛苦被允許表達，情緒痛苦的表達通常卻不被允許。女人也是如此，只是方式不同而已。她們被教導成不要向男性、或是其他女性表達自己。

沒有痛苦與相信自己沒有感覺到痛苦，是不一樣的。它們之間就像你能感覺到快樂、自由地創造並活得沒有恐懼，和無法這樣做之間的區別一樣大。那些生活在痛苦之中的人，也會不時地發笑，有些人甚至會把經常性的發笑當做一種拒絕承認自身感受的方式。他們也會享受一些沒有恐懼的清晰時刻，但是他們絕不是生活在喜悅、創造與無懼的生活之中。

那些認為自己感受不到什麼的人，尤其會被囚禁在自己認為不存在的恐懼之中。他們無法信任別人、自己或是宇宙。他們不喜歡自己，也不相信自己值得被喜歡。他們恐懼做自己也害怕別人做自己。他們害怕如果感受到自己的憤怒、嫉妒、需要或悲傷，就會被這些情緒所控制。他們以一道水壩阻隔了自己的生命之河，並且極度害怕水壩會破裂。

如果你已經非常習慣自己身體裡痛苦的感受，以致於感覺不到它們，那麼你可以去注意自己在想些什麼。當能量以恐懼和疑惑的方式離開你的能量系統時，總會有一個特定的思想，伴隨你身體裡痛苦的感覺一起出現，這個思想會比較各個個情境或人（包括你自己在內），它會把別人當作物品並評判他們。

舉例來說，你可能希望別人能夠更理解你，或是有不一樣的工作或房子。你可能會認為做某項工作的人不聰明，或是做某項工作更值得尊重。你可能會比較不同群體的人，比如說黑人與白人、紅種人與白人、一個女人和另一個女人，或者一個女人跟一個男人等，諸如此類。

如果你有這種思想，可以注意看看，它們出現時，你的身體裡會有一些疼痛的感覺。如果意識不到這些感覺，那就開始找找看。將你的注意力移向胸部，然後是太陽神經叢，或者更下方的喉部，努力去感覺那裡面有什麼。如果你什麼都感覺不到，也要知道不管是否有感覺，疼痛就是會在那兒，然後繼續去尋找。如果你有評判的思想，或是對暴力畫面的想像，或是期盼著自己沒有的東西，它們就一定會在那兒。

如果你不為此努力，疼痛感一天終將衝破你為自己築起的堤壩，進入你的意識之中，不過會是以胃潰瘍、喉癌、長期性的背痛、或是其他疾病的形式來到。有多少種評判別人與自己的方法，在你體內就有多少種疼痛感，也就會出現多少種相對應的身體疾病。

意識不到痛苦、而去尋找身體的疼痛感，跟本來沒有痛苦、卻去製造痛苦，兩者是不同的。讓注意力在身體各個部分上移動，有意識地去尋找身體裡本來就有的感覺，這樣是不會製造痛苦的。當痛苦不在那裡的時候，評判的思想是不會存在的，反之亦然。

當你無法意識到自己的身體在受苦，就無法處理它。然而如果你對它什麼都不做，這個痛苦的起因就會一直存在，那就是：能量以恐懼和疑慮的方式離開你的能量系統。如此一來，一個人會因為害怕自己不夠好，懷疑自己是否該待在地球上。他的創造力就會被用來建立防禦系統，不但防禦他人、拒絕瞭解自己，也防禦生命本身。

當能量以愛和信任的方式離開能量系統時，會帶來舒服和輕鬆的身體感受。你是放鬆的，你的身體感覺很好，你的腳步更輕，也更容易笑。這種時候你感覺不到身體中的疼痛，是因為它的確不存在。這些愉悅的身體感覺也伴隨著一些相應的思想，你感恩，你接受，你欣賞，你想要去付出，你關心他人，你關愛生命，你為生命而驚歎並感謝自己是其中的一部分。

當你將自己跟他人、以及生命提供給你的機會隔離開時，就無法創造出滿足、喜悅而有意義的生活。當能量以恐懼和疑慮的方式離開你時，這種狀況就會發生。

想一想吧！

連結生命的點

某種痛苦的情緒，不會只來一次。只有某種特殊情況下才會如此，那就是當那情緒到來時，你就意識到它，發現它形成的原因，並且改變了它。如果你沒有這麼做，那個情緒就會一再回來，這也是為何會似曾相識的原因。

你可能不享受自己的悲傷、憤怒或嫉妒，但是它們對你來說肯定不是新的體驗。其他例如貪婪、害怕自己做錯了什麼、感覺其他人不理解你、或是其他痛苦的身體感受和苦惱的思想，也都不是新體驗。憤怒、嫉妒、貪婪和其他恐懼等情緒，都是你獨特的體驗。**能量以屬於你的特定方式，離開你的能量系統，而這種能量的釋放，也伴隨著一些極為個人化的、屬於你自己的思想而出現。**

指紋是獨特且可識別的，一旦你的指紋登記有案，就可以與那份記錄相互匹配。只要確定其中一個指紋匹配，就可以準確地辨識出你的身分。

相同的情況也適用於情緒。你所體驗到的每個情緒都是獨特的，只要識別出那個情緒，不管它在什麼時候出現，你都能認得出來。如果無法準確地識別它，那麼當它再次出現時，你就無法進行完美的匹配，於是會認為你的每個體驗都不同，但是事實並非如此。以憤怒來說，那些引發你怒氣的情境也許會改變，但是你的憤怒不會變。也許這一次，你對鄰居生氣，下一次對同學生氣；也許你會因為一個伴侶而嫉妒，後來又因為另一個伴侶而嫉妒，伴侶雖然不是同一個了，但你的嫉妒卻是相同的。

對自己的情緒愈熟悉，你就愈容易看到，雖然它們在不一樣的場景出現，但是它們本身一直都是相同的。你現在所感受到的悲傷，與你曾經感受過的是相同的，憤怒、嫉妒、仇恨和貪婪也都是你從前曾經感受過的。你也許會認為，自己所經歷的情緒跟原來所經歷的情緒是相似的，而不是完全相同的，但那是因為你沒有在之前它出現時，就花時間去仔細研究它。

你隨時都可以開始檢查自己的情緒，最好的時機，就是從現在開始。你愈早開始仔細觀察自己身體裡的感覺和你當時在想些什麼，就能愈快地辨認出哪些情緒一再反覆出現，最後你會發現它們都是一樣的。

花點時間記錄當你的太陽神經叢、胸部或喉嚨有痛苦的感覺時，你都在想些什麼。然後再反過來記錄一次，寫下當你對人或事物進行比較時，去評判好和壞、有用和無用、勇敢和膽小、聰明和愚蠢、慈悲和殘忍時，身體裡面有哪些感覺。很快地，你就會發現自己做了很多記錄，因為你不斷地在感受身體裡的感覺，並看到自己的想法。

當你把自己的感覺與思想連接在一起時，會發現一些不斷重複的組合。最後，你會熟悉到能夠一眼就看出是哪些組合。舉例來說，當你覺得自己被別人刻意不公正地對待，而感到生氣時，可能會在胸部區域（第四中心）感覺到一種痛苦，同時在太陽神經叢區域（第三中心）感覺到另一種痛苦。而當你因為別人的無知或粗心而生氣時，你可能會在同樣兩個區域感覺到痛苦，然而那種痛苦卻是不一樣的。

雖然大部分人生氣時，都會在以上兩個區域感覺到痛苦，但是你感受到的感覺是特別的，它會在特定的部位以特定的方式出現。這些感覺以及隨之一起出現的思想就是你的指紋。你的手上有十個指紋。所有的指紋加在一起，會比一個手指的指紋更能準確地辨識出你的身分。

你有更多的情緒指紋。能量中心附近的所有不同感覺、當它們發生時你的思想，以及這些感覺、位置和思想的所有組合，比你的指紋的任何集合都要來得更加複雜，那就是為什麼當你開始觀察自己有評判想法時的身體感覺，會有這麼多的記錄。可感受到的痛苦與評判別人的方法數目都極為可觀，它們的組合量更是驚人。

簡短來說，你的情緒景觀非常豐富。你穿越其中而未曾注意裡面有些什麼，就好像從一片草地走過，卻沒有注意到裡面都種了些什麼一樣。春天你看見草地上色彩斑斕、夏天則是一片綠色、秋天時一片枯黃，但是你不知道裡面有哪些花草。仔細一看，你會看到紅色、紫色、黃色、白色和藍色的花。看得更仔細一點，你會看到紫花有六瓣、白花比較大、紅花沿著整條花莖生長……，你看得愈仔細，看到的就愈多。

對草地研究得夠久之後，還會看到在那裡生活的昆蟲、鳥類和動物。如果你常常回到草地上，每一次都仔細研究它，最後你會對它非常熟悉。它仍然是美麗的，仍然隨著季節而改變，但是你比從前更能欣賞它，因為你已經如此親密地瞭解它了。

在能意識到你的情緒景色之前，你所能看到的，只是不時冒出來、抓住你的注意力的強烈情緒而已。這種時候，你知道自己被激怒了、被擾動了、或是很開心，但是還有更多你沒看見的東西。如同在草地上看見的不只是各式各樣的色彩，當你對自己情緒風景的瞭解，就像對草地上所有的花蟲鳥獸一樣熟悉時，你就能同樣容易察覺到自己身體中的所有痛苦感覺，以及當時出現的想法。

如果你現在開始關注自己的情緒，就能在一星期內再次看到它，然後一次又一次地看到。還可以更進一步，你可以回憶從前自己經歷這些情緒的時光。愈來愈敞開在對這種探究面前之後，你將回憶起更多這樣的時刻。比如說，你可能回憶起五歲時，父親沒有敲門就進入你的房間時，那種憤怒的感覺；你可能回憶起在學校時，室友未經你允許打開你的壁櫥時，那種憤怒的感覺；你還可能回憶起伴侶上星期在未經你允許就打開你的郵件時，那種憤怒的感覺。

如果把這些經歷都看成是不相干的獨立事件，那麼它們就像散布在一張紙上的點，各自單獨在那裡。當你將它們看成是同一個經歷、在不同時間的延展時，就把各個點連接在一起了。你看到這條線起始於你對父親的憤怒，經過你對室友的憤怒，一直走到你對伴侶的憤怒之上。

你還會看到這些經歷的共同點。在每次事件中，你都感覺到自己的隱私沒有受到尊重，每一次你都感覺被侵犯。這些讓你憤怒的人一直在變，但是憤怒的原因並沒有改變，還有你所感受到的憤怒也是，每一次它都觸發了你身體裡相同的痛苦感覺。

練習：連接各個點

1. 回憶一件今天或是最近擾動你的事情，回憶一件讓你生氣或是讓你強烈反應的事情。在腦中清晰地想像那個人或那個場景時，你感覺到什麼情緒？有什麼想法？身體裡有什麼感覺？你能夠辨認出有哪些能量中心區域受到影響了嗎？

2. 再回憶一個相似的事件，然後針對當時的情況，問自己相同的問題：你感受到什麼情緒？有什麼想法？身體裡有什麼感覺？你能夠辨認出有哪些能量中心的區域受到影響了嗎？

3. 讓我們再做一次。回憶一下當你還是個孩童的時候，類似的感受和思想出現的某次情況。然後再一次回答相同的問題：你感覺到什麼情緒？有什麼想法？身體裡有什麼感覺？你能夠辨認出有哪些能量中心的區域受到影響了嗎？

現在將這些點連接起來，看看自己能否在這些情況中辨認出相同的身體感覺和相同類型的思想。這就是描繪你情緒風景的地圖。

連接這些點的目的，並不是為了找到憤怒開始的時間和地點，而是為了讓你對自己的情緒風景更加熟悉。辨認出自己生氣了，就像是穿過一片草地時注意到周圍有紅色的花。對你的憤怒足夠熟悉，就是要知道它每次出現時，你有什麼感受，每次發生時，你會有哪類的想法，還有以前它都在什麼時候發生。這就像是走過一片草坪，並且知道裡面所有紅花的形狀、氣味以及花瓣的紋理。

你的情緒風景中還有其他的情緒，這就像草地上還有其他種類的花一樣。當你對每一種花都熟悉時，你對自己的情緒風景的欣賞程度也增加了，正如當你意識到草地裡的每一樣東西之後，你對它們的欣賞也會增加一般。

在一間房子住了好幾年以後，你將會對它熟悉到隨時都知道自己正在它的哪個位置上，即使在黑暗中也是如此。當你在一個社區住得夠久，尤其是進行了一些探索之後，你對它會很熟悉，不會在裡面迷路。

當你對自己的情緒地形同樣熟悉時，也永遠不會迷失在其中了。

此刻當下

你永遠都處在當下，但是你不見得能總是意識到這一點。不管你是否意識到，此刻都在進行之中，差別只在於此刻你能帶著意識，你就可以選擇力量。**當你在此刻沒有帶著意識，就不會有力量。**

沒有力量意味著受到外在情境的控制。擁有創造力量的選擇，則代表你能夠決定自己接下來要說什麼、做什麼，以及自己言行的結果。所有的可能性都存在於此刻。**當你意識到此刻，你就有機會進入此刻所提供的所有可能性當中。**

大部分的人並沒有意識到此刻的存在，所以選擇非常有限。他們被冒犯時，就會生氣大叫、或是退縮。有人用酒精引誘他們，就會把酒喝下去。他們變得嫉妒，就只會關注此刻眼前廣闊經歷中的一個狹小的部分上面。

這一系列的經歷很多都被包含在此刻當中。對此刻的意識，能讓我們進入這一系列的經歷裡，隨著這一系列經歷到來的，則是無數的可能性。

研究、學習或是思考外在情境，都無法讓人對此刻變得有意識。你對這些外在活動愈投入，對此刻的意識就愈少。舉例來說，當你沉迷於電腦時，時間似乎過得飛快，會覺得時間不夠用。還沒完成想完成的事情時，晚飯就已經準備好了；或是睡覺時間到了，然後你就要熬夜去做更多事情。

你的家庭作業、工作任務，或是其他把你帶離此刻的活動都一樣，拉上百葉窗，注意力就不可能轉移到別處了。這就好像在一輛火車行駛在軌道上，你所能看到的，只有眼前開展的軌道，完全看不到那不斷向你展現的景色。

尚未意識到自己的內在景色之前，你也無法看到環繞著自己的所有外在景色。你的內在景色是體驗的錨，是你生活的基礎。在生活裡看不到它的話，就失去了基礎。你就像一片飄在風中的葉子般，在外在情境裡搖曳。你成了一艘無槳的船，隨著生活的激流四處飄蕩，不管自己是否想去那些地方。

無論日出在你眼中有多麼美妙、夜空多麼令人敬畏、迎面沖來的海浪有多麼壯觀，你內在的景色都比外在景色還要更豐富，它更為多樣、且更有意義。外在景色的意義，是由你內在的景色來決定的，一次金色落日不會讓你充滿感激，是內在景色讓你如此的。將自己所遭遇的外在景色錯當成所體驗到的內在景色，你就錯失了關鍵點。

關鍵點就是：你是為了進行靈性成長，並且發揮出只有你才可以發揮的才能，而存在於地球上。這些才能並非源自於外在的世界，而是來自於你裡面最深的部分。它們是你內在等待被成就的潛能，就像土地裡等待發芽的種子一般。你的「地球」就是你的內在景色，給予它愈多關注，你對它就會愈加熟悉；對它愈熟悉，你就愈能看清楚自己想培養和拿掉些什麼。

你的內在景色不斷在改變。你也許會有一小段時間的滿足，然後就會生氣、嫉妒，之後又開心、然後再生氣。在生命之中，你的內在景色會一次又一次地向你自我呈現，並且一直延續到你死亡為止，也就是你靈魂回家的那一刻。

只有你能改變它所呈現出來的內容，並且只有當你意識到它之後，才可能去改變。然後你就能在它流過自己時，對它進行觀察。當你意識不到它的時候，情緒會讓你歡喜、擾動、平靜、激動，會讓你害怕、舒服、疑惑。

你的情緒是你靈魂力量的作用場。它們不是荷爾蒙、酶和神經傳導素的產物，而是靈魂透過戲劇化且親密的方式，來到你面前的一種體驗。**憤怒、恐懼、嫉妒和仇恨等痛苦情緒，是你對自己靈魂裡需要被療癒的部分之體驗**。那些滋養你的情緒，比如感恩、滿足、欣賞，則是你對自己靈魂裡已經被治癒的部分之體驗。

隨時覺察自己所感受到的一切，你就在與你的靈魂進行持續的交流。學習如何去傾聽它，依照它去行動，就是你來到地球學校的目的。意識到你的靈魂並不需要獨處、特殊的飲食或是冥想；也不需要去學習或是參加考試，它始於你對自己感受的覺察。它需要你辨識出每一刻所感受到的所有一切，也就是你的能量系統如何去處理通過它的能量。

要聆聽你的靈魂跟自己之間的對話，可能非常困難，有時甚至非常痛苦。在這些情況下，逃避不去傾聽這種對話，比留下來繼續傾聽更輕鬆。當你的胃在受苦、你的胸在痛，或是兩者都不舒服的時候，要去聆聽自己的靈魂在說些什麼，是很困難的。這種時候，大多數人往往會對別人或是寵物咆哮，或是摔碟子，或是在憤恨之中退縮起來、捶打枕頭、決定離婚，或是去購物、打開電視、找東西吃，或是做些其他可以轉移注意力的事情。

與靈魂的對話愈痛苦，想要逃避這種交流的衝動就會益發強烈。逃避體驗自己的感受有兩種基本的方式，第一種就是逃避到你的思想裡去。

人們相互評判，是因為相對於面對自身境況的痛苦或是周圍世界的真相，要求別人對他們的境況負責是更容易的。逃避到思想裡去的方式就像在傷口上塗麻醉劑，傷口並不會消失，它還是需要被處理。只有一件事情會因此改變，那就是此刻你不用再去感覺它了。不過，麻醉劑失效時，傷口還在那裡，痛苦也是。

練習：迷失在思想中

給自己一點時間，探索一下自己是否會為了避免聆聽與靈魂之間的對話，而逃避到思想中，也就是逃避感受自己的情緒。

你會常常去想那些曾經發生在你身上的事情，並且希望當時要是不那樣就好了嗎？

你會花時間計畫未來嗎？或是害怕面對未來？

你會花很多時間想「要是我的生活……就好了」嗎？

如果對這些問題的回答是肯定的，那麼每天早晚給自己至少五分鐘的時間，去聆聽靈魂與自己的對話——也就是去感受你身體的感覺，以及它們在什麼地方。

與靈魂之間對話的痛苦變得強烈時，你正處在一個關鍵點上，你所面臨的選擇，要不是逃避到思想或活動之中來減輕痛苦，要不就是把注意力放在內在，藉此發現你不舒服的根源並且治療它。將自己淹沒在外在環境之中，是選擇去追求外在力量；**與你的內在體驗待在一起，則是做出一個追求真實力量的選擇。**

情緒、力量與此刻當下

情緒痛苦是一種肉體層面的痛苦。你的身體會痛，有時非常劇烈。能夠意識到此刻自己的感覺，你就開始能在這種痛苦到來臨時意識到它。不要擔心你感受到的是什麼情緒，將注意力放在身體的感受上，這個體驗就是你所尋找的情緒。

掃描能量系統的各處，注意你的身體在什麼地方有什麼樣的體驗？用你對自己的能量系統的知識引導自己。胸部（第四個中心）緊張嗎？太陽神經叢區域（第三個中心）感覺如何？聲音（第五個中心）豐滿而宏亮的，還是阻塞而微弱？脖子和肩膀是緊繃的嗎？以這樣的方式來引導你的注意力，就是創造真實力量的第一步。

將注意力放到別處時，你就錯過了你的情緒。將自己放在過去或是將來，想著自己本來可以做些什麼，或是將要做什麼；老是想著別人做過什麼，或是將來會做什麼。想著事情將要變得如何，或是本來可以變成什麼樣……。

每一個思維都伴隨著情緒，但是如果你不願意去檢查身體此刻的感覺，就會反覆地將自己帶入更多的思維、想法、計畫、計算和評判當中。如今，智力活動被大量地創造出來，就是為了轉移人們的注意力，讓他們逃避不願感受的情緒。智性的努力和情緒的覺察並非互不相容的，但是當智力的消遣變得具有強迫性時，它就會被用來轉移注意力，讓人們逃避痛苦的情緒。

練習：標上標籤

選一個你生命中體驗到痛苦情緒的時刻。比如說，男友或女友離開你時，一位親人過世的時候，或被解雇的時候。在想像中回到那個時間點，回憶當時的感受。你如何描述你的感受（比如悲傷、嫉妒、生氣）？給自己一到兩分鐘的時間，讓自己真實地感受當時自己的感覺。注意你身體的哪個部分有感覺。（如果還不是很習慣去感受自己身體的感覺，也就是自己的情緒，那麼請更有耐心一點。）

感受自己在能量系統的哪個地方有感覺，或者感到不適。這個練習可以幫助你將情緒（憤怒、悲傷、嫉妒）與你在身體的能量系統中感受到的不適感連結在一起。

逃避痛苦情緒的第二種方式，就是進入某種活動當中。相較於體驗劇烈痛苦情緒所帶來的肉體痛苦，創業、當一名學生，或是一名大學代表隊運動員，都是比較簡單的。成為公司裡的王牌銷售員、最勤奮的員工，或是最聰明的問題解決者，也都比較簡單。電腦遊戲、電視和賺錢，都成了將注意力從痛苦情緒中轉移開的手段，任何一種活動都能成為這種手段，吃喝、購物、喝酒和性都可以。在社會、經濟或者軍事階層往上爬，也是這樣的手段。

當一個活動被用來轉移注意力，讓人逃避痛苦的情緒時，它就是具有強迫性的。一般來說，完成一項耗時的專案，例如整修一棟房子、進行一筆生意，或是從事某份職業，都是很令人愉快的，當這個專案非常困難時尤其如此。但是當這個活動的存在是為了轉移注意力，逃避痛苦情緒時，活動接近完成時，就讓人感到驚恐了。這個活動掩藏了一種需要，完成之後，這個需要會再次出現，就像一個傷口的疼痛感，會在麻醉劑失效時再次出現一樣。

檢視你生活中所有的活動，看看有哪些是強迫性的。在筋疲力盡之前停止這些強迫性的活動，往往會讓你感到痛苦，不管這個活動是修電腦、油漆房子，或是照料一個花園。你在筋疲力盡之前完成了一項活動，就會尋找並開始另一項活動。強迫性的活動不是自行展開的，相反地，往往是由你推動的，你不想將注意力從中移開，因為那讓你逃避去體驗身體的感覺和你的念頭。

強迫性的衝動跟激情不同。**激情是喜悅的展開**，會帶來新的可能性。會創造與貢獻。**強迫性的衝動則是恐懼的展開**，讓自己拒絕新的可能性和感知，禁錮了被強迫的人。生命的喜悅與想要完成一件事情的強迫性衝動，是完全不同的，兩者的區別就像是自由和監獄一樣。監獄是一個建造來將情緒擋在外面的堡壘，把囚犯關在裡面。離開監獄則是一種可以改變生命的體驗，在這種體驗中，競爭和獲勝的強迫性衝動，讓位給歸屬和奉獻的願望，恐懼被感恩所取代，對自我的關注則被對他人和地球的關心所取代。

練習：是熱情還是強迫症

列出一份每日活動的清單，其中包括你的休閒活動。針對每項活動，問自己以下的問題，並寫下答案：

「它是順其自然而展開的，還是我推動它而展開的？」
「它是向更多的可能性敞開，還是關閉呢？」
「它讓我打開了感知還是關閉了感知？」
「我是在迴避我的情緒，還是在歡迎它們？」

「這項活動是喜悅的展開，還是恐懼的展開？」
「我只關注自我，還是我對別人和地球也很關心？」
「這是一個充滿熱情的活動，還是為了轉移注意力而出現的具強迫性活動？」

發現強迫行為的源頭，是最難的一步。**要發現某個強迫行為的源頭，你必須停止那個強迫行為，去感受自己做那個行為時的感覺。**如果你發現自己重新逃回到那項活動或是思維裡面時，也不要太過苛責自己。你的整體比你想像的要大得多，值得你付出相應的努力和時間去發現它。在你沒有把某種痛苦的情緒投射到別人身上、抱怨自己所遭受的不公、不去責備他人或自己，也不退縮起來或變得專橫時卻變得讓你感到無法承受，那麼你就可以不要轉移注意力，而是試著用一分鐘專注地去體驗它。

下次，當憤怒、低人一等或高人一等的感覺、嫉妒、仇恨、貪婪等這些痛苦來臨時，試著不要轉移注意力，花兩分鐘去體驗它。跳入深水之前先要學習如何游泳，你靈魂的水非常深，你生來就是要將自己完全浸入其中的。有意識地這樣做吧！情緒的覺察就是第一步。

如果不去意識到自己身體的感覺，以及自己在想什麼，你就沒有意識到此刻，就不會有力量，你的注意力會被面前的東西所占據，而且只是其中的一小部分。若不是別人的行為影響到你，你就無法意識到別人的感受以及他們在做什麼，但最重要的是你沒有意識到你對自己做為一個靈魂，做為一個對別人是有影響的人都沒有記憶，對你自己與宇宙之間的契約，對你創造能力的寬度和廣度都沒有記憶。能意識到這些事情，你必須要意識到自己的情緒。

意識不到自己的情緒時，你的注意力是放在周圍環境上的。體驗中的主要要素，也就是那些一直在流經你的情緒，被你遺漏了。雖然你可能以為自己非常清醒，但只要還沒有意識到自己的內在體驗，對你的生命來說，你就是處於昏睡當中。

如果某樣東西對一個結果來說是必須的，但它本身還不足以產生那個結果，科學家稱之為「必要但非充分條件」。情緒覺察，就是意識到此刻的必要但非充分條件。沒有情緒覺察，你無法意識到此刻以及此刻所包含的情緒。不過，很多人對自己的情緒認同如此強烈，結果卻被情緒淹沒了。他們會無法控制地哭或者笑，被恐懼、嫉妒、憤怒、喜悅或悲傷等情緒席捲。這種時候，他們能意識到的也很少，或是根本完全沒有。

每當注意力被固定住時，你就只能意識到自己所關注的事物。那可以是一個外在的情境，比如說，事業的機會、一位朋友的去世、一筆生意、一門功課、做一頓飯或是洗一部車，也可以是一個情緒。在這兩種情況下，你對此刻都沒有意識，你忘記自己是誰、自己在哪裡，你也忘了自己是什麼，以及你為什麼在這裡。

情緒的覺察，是對外界過度關注的治癒良方。當你能覺察到自己感受到的所有事情時，你對生活的體驗就從黑白（只看到在你之外的事物）轉變成彩色（能夠同時意識到自己的內在）。但是，如果你只對自己的內在有意識，就和一個無法看到工作或伴侶需要之外的人一般，被固定住了。

對內在體驗過分關注的治癒之藥，則是另一種東西。沒有了它，你將無法體驗情緒的覺察，而只能體驗情緒的沉迷。

有了它，你將不只能覺察情緒，還能踏入永恆的此刻。

抽離

想像你去看一部得了九項奧斯卡金像獎的電影，包括：最佳男女演員、最佳導演、最佳攝影和最佳音樂。這部電影的類型是你最喜歡的，你最喜歡的男女演員分飾這部影片的男女主角，而劇本也非常出色，所以你從電影開始的第一刻直到結尾播放美麗的片尾曲時，都一直沉醉其中。

離開電影院時，你還在想著自己剛才所經歷的，結果一出去發現外面正在下雨、出太陽或颳風。在此之前，除了電影以外，你完全忘記了所有的事情，電影成為一個完整的經歷，它在你身上的效果如此強大，以致於你忘記自己身在何地、你來之前在做什麼，還有你之後準備做什麼。你意識不到電影院中和自己一起看電影的人，以及在賣下一場票、做爆米花、清理走道的那些電影院工作人員。你意識不到自己的工作、學校還有朋友。

這就是過於專注時會發生的，你忘記了其他的一切。**對自己生命中的事件過於專注時，你的注意力被它完全占據了**。周遭的環境讓你笑讓你哭，笑和哭的時候，你是知道的，但是笑和淚發生的時候，你並沒有真正注意它們，你只專注在那些自己認為讓你笑和哭的事情上。

現在想像你和一個自己心儀的人一起去看電影。第一次跟初戀男友或女友約會時，可能有過這種感覺，你當年想和你的妻子或丈夫結婚時也有過這種感覺。這時候，電影不再是你關注的焦點，你所意識到的是身邊的人，對方的一舉一動你都會注意到，當他或她的手臂碰到你的時你會意識到，在整場電影中你們都感覺到彼此的存在，不管電影如何激動人心，你們都不會忘記彼此。你們成為彼此注意的焦點。

這種情況下，你被另外一部電影所吸引住了，那就是和你身邊的人在一起的故事。這部電影在離開電影院之後不會結束，它的演員會經常更換，這些角色會做一些你意想不到的事，這些事會影響你，讓你笑、讓你哭。被這部電影吸引時，你對自己也是無意識的，就像你被最喜歡的男女演員所吸引時一樣。

在真正的生活中，你也是在一部電影裡，跟你最喜歡的演員在一起（他總是在鏡頭之中，並且永遠沒有替身），那個人就是你自己。被電影完全吸引時，你忘記了自己身在電影院中。被外在環境，比如你的朋友所吸引時，你忘記了自己還在另一個更大的學習場景中，那就是地球學校。你也忘記了自己在地球學校中有需要學習的事物，你的經歷就是你的學習機會。

假如你正在聚精會神地看一部電影，突然之間電影院的燈亮了，那麼如大夢初醒一般，會突然意識到真實的電影院和周圍的人。你會繼續看電影，但是同時你也會看到電影院內的情況：一排排座位、座位上的人，還有他們在做什麼。你會看到地板上的爆米花、牆壁的顏色，還有讓電影顯得如此真實的音響。

同樣地，在那更大的電影中被外在的情境所吸引時，你內在的光突然亮了起來，你會繼續看到那更大的電影，但也會繼續意識到自己的內在情境。你將同時看到自己的外在風景和內在風景，就像燈亮起時能夠同時看到螢幕上的電影，以及電影院內的景象一樣。你將能夠把情緒（你的內在風景）和身邊發生的事情之間連繫起來。這些都是同一幅畫的不同部分，而你將能夠看到整個圖景。

你的內在風景和外在風景都將成為你體驗的一部分。和朋友的爭論以及你對他的反應，你所欣賞的嬰兒的美以及這份欣賞的體驗，你完成某項工作的複雜度以及完成後所獲得的滿足感……你所體驗的這種種一切，都將呈現在你的意識之中。這就是對此刻的意識。

對此刻的意識，需要你從自己的外在風景和內在風景抽離出來。能意識到內在和外在風景之前，你根本無法看到它們，更談不上抽離。當你意識到你的外在風景，但卻無法從中抽離時，代表你完全沉浸在周圍發生的事情當中，如此一來，你無法體驗自己的情緒。當你意識到你的內在風景，但是無法從中抽離時，代表你完全沉浸在自己的情緒當中，如此一來，就無法從裡面後退，好看清它們。

學習從自己的感受中後退一步，這樣你就不會再被它束縛，以致於無法意識到那是一種感受。後退一步，它才能通過你，卻不會刺透你，這樣那個感受就不會阻止你採取行動，不會讓你製造出負面思想和封閉情緒，或是其他情緒反應。當你能儘量從自己的感受中抽離開來，對抽離就會愈來愈熟練。

從情緒中抽離出來和被它淹沒，當然是不同的，它們之間的區別就像是站在一座橋上看下面的急流，與站在水中體驗激流，兩者是不一樣的。

站在水中時，你只能看見它的一小部分，只看見在你周圍的水。生氣時，你只能體驗到自己的憤怒。而當你在橋上時，卻能看到整條溪水，也就是你能夠看見憤怒靠近，流過橋下，然後流向下游；然後你又可以看見嫉妒靠近、流過橋下、然後又被某種低人一等的感覺所取代等。這就是抽離。

練習：在橋上

處在任何的痛苦情緒（比如憤怒、嫉妒、悲傷、憂鬱、仇恨或貪婪）當中時，你都可以使用這個練習。首先，想像自己在一條情緒的河流之中，然後想像自己走出河流，上了一座橋。你俯瞰這條河，看到它在下方潺潺流動。河流中的水代表你的情緒，讓這水在下方流動，而你在觀看，同時去感覺能量的河流流經你的身體。讓自己抽離地感受這些情緒，如同在橋上看下面的河水流過一般。

每次被情緒之河抓住的時候，就做這個練習。

抽離能讓你在生活中保持對自己感受的覺察。抽離時，你的情緒流過你，就像水通過一條水管一般。你是那條水管，水龍頭打開之後，水不會一直待在水管的同一位置。情緒的龍頭從不曾關閉，你所感受的恐懼、怨恨、憤怒、憂鬱、滿足、嫉妒或喜悅也不曾停止，當你以這種方式去看待自己的情緒時，就能從中抽離，而不會被它們控制。

能夠做到這一點時，你的情緒就能離開你，就像淋浴時水離開你的身體一般。就像鴨子的羽毛不會吸水，你也不會吸收自己的情緒。**若你無法從自己的情緒中抽離，它們就不會與你分開，而是會支配你**。你會攻擊、封閉自己或是大聲吼叫，你會在憎恨中潰爛，或失控地大笑而不可自抑。

淋浴的水不會停止，而你一直都在其中。不斷變化的情緒，是能量在你能量系統的不同位置，以不同的方式被持續處理時，你的體驗。**能意識到自己的情緒時，你就處於主導的位置，可以去改變處理能量的方式**。於是，你的情緒就無法將你席捲而去，而是能帶給你重要的資訊。沉浸於情緒的同時，是無法接收到這個資訊的，比如說，生氣時，你無法一邊憤怒地吼叫，一邊意識到自己身體的感受。

你必須做一個選擇，要不站在水中，讓情緒來決定你的言行；要不站在橋上，看著你的憤怒痛苦地流過自己。在水中時，你的憤怒就是你的主人，控制你的言行。而當你站在橋上去體驗自己的憤怒時，不管身體裡的感覺有多痛苦，你都是自己憤怒的主人，能控制自己。每次這麼做，你的憤怒就會失去對你的控制力，而你獲得了對它的控制力。真實力量就是這樣被創造出來的。

當你意識到自己的情緒，又能意識到周圍發生的事情，你就進入了當下。你搬進了自己的住宅，主人回家了，司機是在清醒的狀態下駕駛的。生命中所有的體驗，都是設計來讓你達到這個目的的。

親密感

親密感是能量以愛和信任的方式離開你能量系統的一個標誌，缺乏親密感，則是能量以恐懼和疑惑的方式離開你能量系統的一個標誌。當你意識不到能量系統與其運作時，親密感和缺乏親密感，看起來似乎只是一種偶然的體驗。

意識到你的能量系統，並知道它如何運作時，你就能在選擇之下創造出親密感。親密感並不意味著要和另一個個體產生密切的關係，雖然那可能會發生在體驗到親密感時。它也不代表別人會以某種特定的方式來對待你或其他人。**親密感的體驗與別人做什麼、說什麼無關，它取決於能量如何離開你的能量系統。**

當能量以愛和信任的方式離開能量系統時，你就會體驗到親密感。當它以恐懼和疑惑的方式離開時，經驗便會相反，你會感覺到孤獨和分離。這兩種體驗都很容易辨認，第一種是親密感，它令人滿足和喜悅。在這種體驗中，你感覺自己敞開在生活和他人之前，你期待跟他人在一起，你關心他們。即使他們不覺得跟你有所連結的，你也會感覺跟他們是連結的。你對他們感興趣，你感激他們，你感謝他們出現在你的生活之中。

練習：回憶一段時光

回憶你生命中感覺跟某人或一群人很親近的一段時光。也許是在一個大家都坦誠直言的家庭聚會上；也許是每個人都感到悲傷、但也感到親近的一場葬禮上；也許是在一場將社區裡的人都凝聚在一起的社區悲劇中。那時會出現一種親密感，當每個人的能量都以愛和信任的方式離開時，就會有那樣的群體體驗。

回憶當時的感受，不管你們過去如何，你當時感受到對彼此的愛，對你身邊的人的溫柔，以及你身體裡那份溫暖熾熱的感覺。回憶起那種感覺，在那些時刻，大部分的能量是以愛和信任的方式離開你的身體的。

第二種體驗是親密感的缺乏，這是令人痛苦的。在這種體驗下，人對你來說就像是物體。除非會影響到你，否則你對他們的感覺和想法毫無興趣。你更關心的是事物，比如一輛新車或是一份更好的工作，而不是人。你覺得活動（完成一件任務、或是取得一份成就）比人更重要。對你來說，所有的事情都比人更重要，除非你需要別人來成就你所想要的。

想要建立親密感，需要承認自己的脆弱。承認自己的脆弱並不需要將自己所有的不安全感分享給另一個人或是給每一個人。如果你感覺不到自己的不安全感，也無法在別人裡面看到它，更不用說去欣賞它了。親密感創造出敏感。當你有親密感時，你對自己和別人都變得敏感。沒有親密感時，你只對自己敏感，然而即使在這樣的情況下，你也無法意識到自己的每一個感受。

練習：我是過度敏感的嗎？

你是敏感，還是過度敏感呢？問自己以下這些問題：「我是……？」

敏感		過度敏感
意識到別人的感受？	或者	將事情當成個人恩怨？
對其他人負責？	或者	對其他人被動的反應？

將情況看得很清楚？ 或者 評判外在環境？
對自己和別人都感興趣？ 或者 只對自己感興趣？

對我們來說，親密感是很自然的。我們渴望體驗親密，生來就被設計成要去體驗親密感，體驗關懷、敏感以及對彼此的愛。當你有親密感的時候，就會是滿足的。每一次與人的互動都令你滿足，而這可能會孕育出更深入的洞見和靈性進展。不是充滿關愛與敏感的時候，也就是缺乏親密感時，什麼事都讓人不滿意，每一個與人的互動都是冰冷的，有時甚至是殘酷的。脆弱讓你感覺危險。這是一個非常痛苦的體驗，你感覺孤立、孤獨，無法碰觸他人，他們也觸碰不到你。你會努力完成一些活動和成就一些目標，而不是想建立關係。你尋求的關係都是功能性的，都是那些能幫助你獲得想要得到之事物的關係。

親密感和外在權力的追求（也就是操縱和控制的能力）是互不相容的，兩者無法共存。缺乏親密感和真實力量的追求（也就是人格與靈魂對齊）也是互不相容的。**自然地創造出和諧、協作、分享以及對生命的尊重時，就不會被親密感的缺乏所折磨**。

專案、成就和目標對你來說比人更重要的時候，那就像走進一間如大冰箱般冰冷黑暗的房間內。你的生活變成這個房間，不管走到哪裡都是冰冷的。好像沒有人支持你，即使他們想支持你，你也會覺得沒人支持你，因為你對他們沒有溫暖和支持的意圖，因為你無法在別人裡面想像自身不曾體驗過的感覺。所以不管有多少朋友向你靠近，你總是在孤獨中行走。你將讚賞看作奉承、將欣賞貶為無知，你和他人之間有一堵牆，如鋼筋水泥牆一般真實。

這堵牆也分開了你和自己的感受。你的意識只局限在憤怒、不悅和失望上。你只意識到別人沒有達到你的期望的部分，以及你對自己和他人的評判上，因此無法看到自己更深沉、更痛苦的情緒。**無法真實地看見自己更深沉的痛苦情緒，這將對你的感知、判斷與行動產生巨大的影響**。

其中最主要的一種情緒就是恐懼。比起體驗自己是恐懼的，發怒要來得更簡單，因為恐懼總是和缺乏希望連在一起，你把所處的情境看成是無力改變的，不然就不會覺得害怕。憤怒是一種去改變別人，好讓自己感覺更安全的嘗試，當你愈恐懼，就愈覺得自己是正確的，別人在你眼中也就愈是錯誤的。在憤怒之中，你感覺自己是正確的，因為你的判斷是建立在你所建構的事實之上。

所有痛苦的情緒都是恐懼的表達。被一股憤怒或悔恨、或想要報復的情緒抓住時，你會看不到這一點，而只看到觸發你憤怒的某個原因、某個你無法挽回的損失、或是某個你無法忍受的不公不正。在憤怒中爆發、在悲傷中封閉或在對某個不公大發雷霆的時候，你便阻止了自己去看到內心最核心的痛苦根源，那就是恐懼。

你在周圍所見到的、遇到的人事物，所有你內在所經歷的事情，都反映出你意識之中所充滿的恐懼。能面對自己的恐懼之前，你都是它們的囚犯。你無法走出這冰冷黑暗，甚至都不知道外面還有一個世界存在。你的生活充滿憤怒、仇恨、遺憾和嫉妒，裡面沒有親密的體驗，而是進入一個墜入無力感的自由落體過程。

練習：面對你的恐懼

花一天去注意你所擁有的每一份痛苦情緒。注意你有哪些身體感覺，它們都位在你能量系統的哪個部分。請記住，所有的痛苦情緒都是恐懼的表達，比如憤怒、嫉妒、悲傷、仇恨、貪婪，這些痛苦情緒都伴隨著對人對己的評判性思維，與它們一同到來。

有些人不知道除了這些痛苦情緒之外，還有其他的體驗。他們總是把別人看成是自己的威脅、機會、目標、資源，或是他們祈禱的回應。人類的現狀目前正處於轉變之中，親密感並不是意味著將自己所有的家人、好友或是親戚都當成戰友、力量的來源，以及風暴的屏障。**親密感指的是：信任宇宙會在最合適的時候、在你需要的時候，為你提供所需要的東西**。

親密是可能的，有千千萬萬人正在理解這種轉變，它正在改變全人類的體驗，這也會讓那些造成別人不滿足的人，靈光乍現地感受到這種存在的方式。它是一種內在的直覺，告訴你有另一種更具意義的生活方式。它也是對那些以前看起來很討厭的人，突然生出的一種同情，是對恐懼、掙扎以及對他人的喜悅的一份深入洞見。它融入在你的人性中。

親密感就是放下你的防衛，毫不保留的放鬆進入此刻。你成了世界的朋友，世界也成了你的朋友。你歡迎每一個到來的境況而非抗拒它，對迎面而來的風敞開雙臂，而那風就是在改變自己生命的力量，藉此滿足了你最基本的需求，也就是對靈魂的需求。

每個情境都成了一份禮物。一個幫助你的朋友、一個欺騙你的鄰居、一個向你微笑的陌生人、善良的人和粗暴的人、符合你期望的人和不符合期望的人，這一切都提供你探索自己的機會，進一步發現自己更多的部分，並改變你自己。重要的事情從來都與他人無關，而是跟你自己有關，問題不在於如何改變別人，而是如何改變你自己，避免同樣的痛苦經歷重複發生。

練習：當我將親密感帶進生活之中

我成了世界的朋友，世界也成了我的朋友。
我歡迎每個情境的到來，而非抵抗它。
能量以愛與信任的方式離開我的能量系統。
我欣賞自己和他人。

以這種方式看待生活，你就提升了生活的內容。你不再關注是什麼讓你生氣，而是把關注放在內在的憤怒體驗之上。你不再將注意力放在那些讓你感到挫折的地方，而是放在挫折的痛苦體驗上。你不去責備他人、對他們吼叫、評判他們、對他人封閉起來，或是以其他方式去操縱別人，而是向內看到痛苦情緒的起源，你知道這些行為都是由它們導致的。

對於那些過去控制你的痛苦情緒，掩蓋或迴避的反應方式，已經不會讓你滿足了，你成為了自己內在疆域的無懼探索者。在那裡，你為自己的所有發現而驚喜，包括恐懼和它們到來的方式。你發現，能量在你的能量系統之中被處理的方式有很多種，讓你感到無邊無際的喜悅、感恩和愛，也可以是能量在你的能量系統中被處理的方式。

當你將問題從

「我如何才能改變別人？」

變成

「我如何才能改變自己？」時

你專注於自己內在的痛苦情緒的體驗上

而不是

發生在你之外的什麼之上

你專注於……

你內在憤怒的體驗　　而不是　　什麼讓你生氣

你內在嫉妒的體驗　　而不是　　什麼讓你嫉妒

你內在悲傷的體驗　　而不是　　什麼讓你悲傷

你內在恐懼的體驗　　而不是　　什麼讓你害怕

以及其他許多

你不再逃避生活和自己，將這兩者都當作朋友一般來歡迎，這兩個朋友陪伴你走在靈魂的旅程之中，這段旅程始於你在地球學校裡的誕生，結束於你的人格死亡的那一天，也就是當你的靈魂回家的時候。在這兩個事件之間，你會遭遇許多生活中的境遇，並對它們做出反應。每一次予以反應，你又製造出更多的情境。每一次的情境都給你機會去檢視自己，而不是別人。去改變自己，而不是別人。

你應該更投入到自身的靈性成長上，而不是某些事項的完成，也不是將生活或世界變成你認為它應該是的樣子。透過改變自己來改變世界，並將世界和在其中所有的一切看成是為你靈魂而服務的，這才是一種正確的感知。在這種感知中，你將自己的經歷和生活中的情境，看成是不斷更新的地球學校課程，你所遭遇的所有一切都是你的老師，而你則是學生。

地球學校的目的
是幫助你去學習
如何創造出
真實力量
以及
帶著你靈魂的

感知
價值
和
目標
居住在地球上
它們就是
和諧
合作
分享
對生命的敬重

你的老師非常有耐心，如果不好好學習身旁的環境想要教你的東西，總是會有更多的情境來到你面前，幫助你學習同一門課。若有需要，這種情況會一直持續下去，可能持續很多年、一輩子、或是很多輩子。當你開始對自己在地球學校裡的課程感興趣時，生活便開始變得有趣了。

你不再用成功或失敗來看待自己的努力，也不再評判自己和他人，因為知道大家都是同一所學校的同學。這就是親密感，你沒有敵人，只有地球學校的同學。對你而言沒有成功或失敗，只有意志的使用，也就是使用你的創造實驗後的結果。這門課是不可能不及格的，沒人會這樣，因為唯一重要的是你如何去學習。

當你還被鎖在憤怒、嫉妒、仇恨和其他的恐懼之中時，就無法看到生活向你呈現的機會。你不能面對更深、更痛苦的恐懼和無力感的體驗，所以直到你有一天能去面對為止，機會會不斷地來到你面前。當生活開始改變時，你不會想再改變他人。當你把重心從對外在力量（操縱和控制的能力）的追求轉為對真實力量（將你的人格與靈魂對齊）的追求時，你就創造了親密感。

這就是親密感。

第二部

逃避的方式

靈魂視角

從靈魂的角度看，你可以把自己當做是地球學校的學生。在這間學校裡，不斷給予你機會去發現自己的情緒動態，並去學習它們。在某種特定條件下，你會傾向於某種特定的體驗，這種傾向是一種情緒反應模式，獨立於觸發它們的外在環境。

你在地球學校裡的功課，就是在這些情緒的模式被啟動和發生作用時，持續關注它們。當你將注意力放在觸發這些模式發生的環境上時，就無法做到這一點，因為這些環境只是觸發你情緒反應模式的誘因。

當你轉向內在，將注意力放在自己的情緒反應模式上時，你便能開始看到那些相同的痛苦情緒，一次又一次出現在自己裡面，雖然每次觸發的原因都不一樣，然而一直不變的是你的情緒反應，而不是那些誘因。

去除觸發的誘因，並不能解決問題，因為你的情緒反應模式仍然存在。**大部分的人把能量用於改變那些觸發他們痛苦情緒的外在環境上**，他們換工作、換朋友、換伴侶。他們重新選擇職業和房子。然而，**改變外在的情境，並不會改變你固定的**

情緒反應模式，想要改變，你必須去審視這些模式。

本書的第二部分將帶著你深入審視人們避免體驗自身情緒的方式。每種方式都是將注意力轉移到外在的人、環境和活動上。這些方式都是在逃避，並阻絕了永久根除痛苦情緒的機會，就像一個孩子想盡辦法不肯吃藥一般。

生活提供給你的藥品，就是你的情緒。想要使用這個藥品，你需要能意識到自己的情緒，也就是能意識到身體裡的感覺，以及伴隨而來的念頭。換句話說，你需要一刻接著一刻去注意你的能量系統是如何運作的，這就是療癒的良藥。

在本書的這個部分中，你將會看到人們逃避情緒的方法，有一些是你自己也有的，還有一些是你認為你沒有的。閱讀這

生活提供給你的藥，
就是你的情緒。

即你身體裡的感覺　和　伴隨它們而來的念頭。

所以
無時無刻注意你的能量系統
就是
療癒的良藥。

些方法，研究你認為自己有的部分，如此便能幫助你發現自己是如何阻止自己去體驗情緒的。

你也應該去學習那些你認為自己沒有的方法，這將有助於辨認出其他人是如何避免體驗情緒的。一旦你看到另一個人的情緒動態，以及如何努力避免感受自己的情緒時，你也更能以同樣的角度，把自己看得更清楚。同時，你還可能會驚奇地發現，你其實也有那些你認為自己所沒有的逃避方式。

心理學家稱避免情緒的方式為防衛機制或否認形式。你不需要花很多年去探索你的防衛機制，就可以學習先把它們辨認出來，然後在每次這種機制出現時，將注意力轉向內在，看見自己反應模式，也就是看到痛苦的情緒一再地出現。**你的情緒反應模式有獨立於外在環境的自己的生命**。

看到這些模式，是靈性成長的第一步。它意味著剖開重重干擾、清楚地看到事物的核心，這核心就是你的靈性進展。觸發情緒的外在環境總是無止盡的，**當你能將眼光越過那些觸發痛苦情緒的外在環境，看到創造這些痛苦情緒的內部動態之前，都會一直遭遇它們**。

開始這樣做時，你就開始了此生注定踏上的旅程。

憤怒

憤怒是一種冰山現象，它是一個巨大結構的頂端，除了頂端之外，這個結構大部分都是看不見的。憤怒是一座光禿山峰上的雪，如果只將眼光放在雪上面，那麼在這座山峰上你只會注意到它，但是如果沒有山麓、山坡、山谷和山脊，山峰也無法存在。沒有一座山峰可以脫離山而存在。

同樣地，如果沒有一個龐大的情緒底層結構，憤怒也不可能存在。憤怒是那冒出雲端的尖峰。**在每個憤怒體驗之下都有一個巨大的情緒結構**。對那個龐大的底層結構若沒有清晰的認識，就無法看清楚憤怒。這就好像你站在山峰上拍了一張山峰的照片，便無法用來看清楚整座山一樣。從那樣的角度來看，即使是最磅礡的山巒，看起來也只是一小堆石頭。

憤怒總是突如其來地攻擊一個目標。那個目標可能是一個人、一群人或是整個宇宙。憤怒總讓人感覺自己是正義且重要的。憤怒不會傾聽，不會尊重或關心他人。它總把別人看成是錯的、該責怪的、低等的或是不足的。憤怒只關心自己，它要得到自己想要的，並且要在它想要的時候就要馬上得到，還要按照它自己設定的條件來得到。它將自己看成是裁判、法官和行刑者，而別人沒有上訴權。

發現你內在的憤怒或再次地在內在經歷它，就好像是在沙漠中找到古老的陶器，或是找到深埋在黃沙下已經千年的古神廟頂部一般。這是考古學家夢寐以求的渴望，會激起無比的興奮，因為表層已經顯露出智慧的跡象，表面之下肯定會有更多的資訊。

考古發掘開始的情形就是這樣。考古學家持續一層一層地深入向下，隨著發掘的進行，發現出大大小小的新事物。每一鏟土都要被仔細地篩選和檢查，每一個物體或碎片都要被完整記錄、分類後放進特別的地方。發掘得愈深，出土得就愈多。有時是村莊被埋在城市下面，有時是城市被埋在城市下面。

挖掘會不斷進行到最底層的寶藏被帶到陽光底下為止。直到此時，一幅更大更完整的圖像才會出現，它遠大於一開始在沙漠表層發現的那一件陶器，或是暴露在飛沙中的神廟頂端所能讓人猜到的圖像。

憤怒就是沙漠表層的陶器，它標示出底下有建築埋藏其中，並指向底下有更大的發現有待揭示。**憤怒是一份較小的發現，與之相比，更大的寶藏在它下方等待出土。**

因為情緒的爆發，經常生氣的人大多都以為他們對自己的情緒很熟悉，但事實並非如此。經常生氣的人通常並不知道自己的感受，他們只知道狂怒像風暴一般咆哮著穿透自身，摧毀路過的一切，直到最後耗盡自己，並留下傷害。**憤怒的爆發是一種痛苦的經歷，但那並不是情緒的探索**。每一次憤怒的爆發都阻礙了情緒探索，它是一個城堡，在這城堡裡的人無力調整自己，以面對一個可怕的世界。

有些動物在面對比自己更大的動物威脅時，會發出嚎叫、嘶嘶聲或低沉的咆哮聲。牠們不能自衛，因此才讓自己膨脹，豎起背上的毛髮，齜牙裂齒。在人類當中，憤怒也發揮了一樣的作用，憤怒的人是個受驚嚇的人，只有受驚嚇的人才會攻擊。

所有的敵意都來自於恐懼。恐懼是每個沒有愛的行動的發源地。一個充滿愛的人是無所畏懼的，而一個憤怒、嫉妒、復仇心重、憂鬱或貪得無厭的人，則充滿了恐懼。無所畏懼與充滿恐懼之間的區別，就是滿足與失意的生活之間的區別。這就像一條裂縫，裂縫這邊是意義和目標，另一邊則是失望和空虛。

愛是無懼的。它不威脅任何形式的生命，愛是一切的朋友。它自然地滋養、支持並關心著別人，不與恐懼鬥爭，就像太陽不與黑暗鬥爭一樣。它不知道什麼是恐懼。愛與恐懼不能共存。

憤怒阻礙了愛，又孤立了發怒的那個人。憤怒努力推開那些你最渴望的友誼和理解，而且常常成功。憤怒否定了別人的人性，同樣也否定了你自己的人性。**憤怒**

是一種相信自己不被理解、且不配被理解的極度痛苦。它是一道將你與別人分開的牆，是一道用鋼筋水泥做的、又厚又高的牆，你沒有辦法穿過、鑽過或是翻越它。

大多數人無法跟自己的憤怒和恐懼產生連結。憤怒在變得強迫性時，看似常常能產生超乎尋常的勇氣，但同時往往也製造了暴力。**一個憤怒的人看上去毫無恐懼，但事實上他是非常驚恐的**。勇氣不會讓一個人發動攻擊，而是那不受控制的驚恐所造成的。這就像一隻小動物被逼到牆角時，無助地發出嘶嘶聲並嗥叫，最後發動攻擊。

在驚恐與憤怒之間存在著另一種體驗，也就是痛苦。換句話說，**憤怒之下是痛苦，而痛苦之下是恐懼**。在你體驗恐懼之前，你必須先體驗到痛苦，那痛苦也許源於失業、孩子過世，或是被宣布得了不治之症。這些事件帶來強烈的痛苦，經歷它就像去摸一個非常高溫的金屬，這就是為什麼變得憤怒、而不是去觸碰那份痛苦，是比較容易的，也是大多數人所選擇的。但是痛苦並不會因為你的憤怒而消失，只是被埋藏了。

練習：考古挖掘

想想看你記憶中最近一次的生氣。回憶當時的情形——是誰和什麼事情讓你憤怒。花點時間回憶你的感受：你有什麼樣的身體感受？它們在你能量系統的什麼部位？當時你有什麼樣的想法？敞開心門、更深地挖掘，去感受在你的憤怒之下有些什麼。允許自己去感覺那藏在憤怒之下的痛苦。

你可以反覆做這個練習，覺得憤怒的時候，便溫柔地讓自己往內在更深處走，去挖掘憤怒之下的東西。

你愈是抗拒痛苦，就會有愈大的憤怒、更頻繁地出現來掩蓋痛苦。**一個持續憤怒的人，是一個處於持續痛苦中的人**。憤怒讓你有雙份的痛苦：憤怒的體驗本身是痛苦的，而憤怒之下所掩蓋的痛苦則更加令人痛苦。它會在意外的情況下爆發，並控制當時的場景，然後又製造出一些令人痛苦的後果。

能鼓起勇氣面對和體驗你憤怒下面的痛苦之前，你會繼續憤怒下去。你的憤怒並不是對某個情境的抗拒，而是對你所體驗到的痛苦的抗拒。它在抗拒世界沒有變成自己想要的樣子，也是因為無法將世界和別人安排成自己想要的樣子，而產生的挫敗感。怒火從來都不是針對某個人、某個組織、某個社區或是其他目標而發作的，雖然表面上看起來是這樣。

練習：憤怒是我的抗拒

對自己重複幾次這句話：

「我願意看到我的憤怒，是我對體驗自身的痛苦、以及我對世界沒有變成我想要的樣子的抗拒。」

感覺適合你的話，每次感到憤怒時都可以練習這句話。

憤怒是一種極為痛苦、無力感的體驗。在憤怒中攻擊別人，是一種無力的行為，報復別人和證明他人有罪，都是在表達你的絕望和無助。就像小動物攻擊大動物一般，你放棄了希望，別無選擇。此時，在憤怒、仇恨下的攻擊，是你最後的逃避嘗試。

但是憤怒永遠無法奏效。這個世界還是無法成為你想要的樣子，痛苦也無法消除。相反地，你的憤怒會繼續增長。你認為自己被無法控制的憤怒所占據，但是事實正相反，是你在使用所有的能量，逃避面對自己的情緒。那種轉移注意力的努力或抗拒，就是憤怒。

憤怒是一個精準又清晰的訊息，告訴你你正在痛苦當中。在此，宇宙將你的注意力指向你的內在動態，而你必須去檢查它。內在動態並不是你的憤怒，而是憤怒的起因，這個起因就是你的痛苦，開始檢視你的憤怒，就是療癒這種起因的開始。當你設定了一個目標，比如說，不管你有多麼生氣，都不在憤怒之中說話或行動，之後每當感到憤怒，你就會開始尋找新的說話和行動方式，此時就啟動了宇宙對你的幫助，這幫助會來到你面前。

這幫助會將你帶到釋放憤怒必須去的地方，也就是說，它會把你帶到你的痛苦那裡。這個痛苦的產生，源自於這個世界不是你想要的樣子，它是你堅持自己人格的需要而忽略了靈魂的需要，而產生的痛苦。而你生活的狀態，總是反映出你靈魂的需要。

如果你挖得夠深
你將發現痛苦的根源。那就是：
這個世界不是你想要的樣子，

堅持你人格的需要，而忽略你靈魂的需要。

這個規律沒有例外，也沒有其他的可能性。地球學校的強大和美麗之處就在於，你總是會精確地遭遇你的靈魂想要你遭遇的事情。抵抗它就是抵抗了自己生活的目的，抵抗了善意的宇宙，也抵抗了非物質的指導和幫助。那份幫助，就是你的痛苦。

你總是會持續地
遭遇你的靈魂
想要你遭遇的。
當你抵抗的時候
你就抵抗了

1. 你生活的目的
2. 宇宙的善意
3. 非物質的幫助

那份幫助就是你的痛苦。

當你開始向自己的痛苦體驗——深愛的孩子身亡、失去所賴以維生的工作、愛的伴侶離開你、受到虐待而施虐者卻毫無悔意——敞開的時候，你就開始進入自己的憤怒表層之下。你開始能轉化自己的生活，變得沒有那麼僵硬和自以為是，且更勇於承認自己的脆弱，並接受別人與他們的痛苦，開始融入宇宙的柔軟之中。不過在此之前，你必須突破遠離自己情緒的防衛機制。

這就是挑戰自己的憤怒時，你可以完成的事情。

挑戰自己的憤怒時，你就啟動了一個目前還看不出來的、更龐大的過程。當你一次又一次地挑戰自己的憤怒時，就開始把憤怒的根拔出來。最先出來的是在憤怒之下被掩蓋了很久的痛苦，然後是這痛苦之下的恐懼，這種恐懼之所以產生，是因為你覺得自己無法控制那些對你而言很重要的安全感和幸福感。你的生命是一段走向柔軟的旅程，而你不信任這段旅程，這種不信任感所產生的結果令人驚恐。

從憤怒到痛苦，乃至恐懼就是通往一切核心起因的第一步。**憤怒的起因是自我價值的缺失**。它是一種無力感的體驗。而無力感就是把自己看得沒有價值，認為自己無法對任何人或事造成影響，感覺自己被宇宙忽略了。自我價值缺失阻礙你，讓你無法欣賞你在自己和他人生活的廣大圖景中的重要性；讓你忽視你的力量、美麗、高貴和價值，並忽略對你自己所創造的後果負責。

當你感到沒有價值時，會對生活充滿恐懼。而當你恐懼生活時，就會持續在痛苦中，並試圖將生活改變成你認為應有的樣子。這份痛苦很深刻的時候，你會用憤怒來遮蓋它，並對朋友或你認為的敵對者發動攻擊。你把善良看成軟弱，因為你不關心自己，所以你也無法想像別人會關心你。你把自己關在一個自己創造的監獄裡，然後因此責備其他所有人。

這就是憤怒的考古挖掘。這就是顯露出來的山，它包含了整座山的全景，從山峰到山腳，還有中間的一切，這就是你複雜而龐大的構造。這也是對宇宙的慈悲和智慧的感知。**宇宙一次又一次從不間斷地提供機會給你，讓你進入到你全部的力量之中，也就是進入對自己的價值與責任的感知當中。**

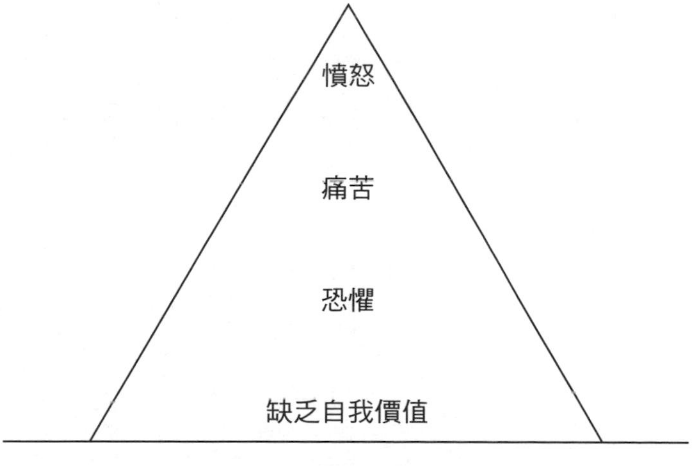

「這就是憤怒的考古學。」

當你挖掘到底部的時候（也就是最後那層自我價值缺失感），你的憤怒就會改變，不會再責備他人，也不再評判。憤怒將成為你生活中的正面力量，它想要整合而不是分裂，它尊重一切，並充滿激情地追尋建設性的改變。這就是一種結束，你的受苦、殘酷和缺乏尊重的憤怒不再繼續加重。它不會將你和愛分割開來，是你對地球的愛而不是你對他人的評判，讓你成為了地球的支持者，以及受壓迫者的保護者。你不再需要去壓迫那些壓迫者，評判那些評判者或仇恨那些仇恨者了。

最後，你會成為一束照亮黑暗的光，而不是一個斥責的聲音。你將改變帶到不可能發生的地方，提供別人他們所缺乏的。你的憤怒會將你帶進更深刻的理解、溝通和關心當中。你對自己和他人都成為了禮物。你進入地球上一個甦醒、具備清晰意識、喜悅、感恩、有力、具創造力、慈悲和關懷的靈魂角色當中。

情緒參與和情緒覺察之間的區別，就在於抽離。**抽離讓你看到自己情緒的形成、發展、加強和改變的過程**，如果無法抽離，就只能看到情緒最強烈的頂峰。抽離就像是聲納（聲波探測儀）一般，能讓你同時看到表面下、表面以及表面之上所發生的事情。

如果無法抽離，你就像在冰山中航行的鐵達尼號一般，從船上的瞭望臺看去，一座冰山只是一塊浮在水上的冰。如果當時鐵達尼號船上有聲納，船員就會看到冰山真實的樣子：一座潛伏在水底的大山。我們看到的每座冰山，都只是這座大山的頂峰，一個巨大整體的一小部分。撞上一座冰山是非常危險的，因為冰山比它看起來要大得多太多。

當你無法從生活中抽離，就只能看到你情緒的頂峰。它們從何而來，它們的根源以及它們的龐大，都是你看不到的。你會偶爾地或頻繁地撞上冰山，變得憤怒、悲傷、嫉妒、仇恨、快樂或恐懼。如果你擁有一個情緒的探測儀，就能看到這些體驗是一個更為巨大的動態活動之頂峰。然而情緒的參與只是告訴你，你撞上了一座冰山。

大多數的人在生活中一路撞上一個又一個的冰山，從憤怒到快樂到嫉妒到恐懼到仇恨，來來回回地重複這個過程。他們不知道這些既突然又猛烈，且具有破壞性的冰山到底是來自何處，他們沒有能力看到從遠處而來的冰山。他們就像鐵達尼號一般，期盼自己運氣很好，看到眼前的一片迷霧，便開足了最大馬力向前方衝過去。有時他們很快地從某一次的冰山碰撞中，也就是從一次憤怒、絕望、嫉妒、恐懼或仇恨的爆發中恢復過來，但是有時碰撞造成的傷害太大，需要很長的時間來修復。

工作狂就是一種開足最大馬力向前衝的方式，它不會安排一個瞭望員，更不會裝一個探測儀。**工作狂是對情緒的逃避**，是一種有效又強烈的麻醉劑。但是就像所有的麻醉劑一般，它無法永遠掩蓋痛苦。使用過麻醉劑的病人必須定期使用它，否則藥效一過就又開始痛苦了。即使每隔一小時使用一次麻醉劑，藥效遲早都會過去，於是需要愈來愈大的劑量，以獲得同樣的藥效。最後，即使最大的劑量也無法蓋過痛苦了。

工作狂非常吸引人，因為它避免了任何情緒的體驗。一個工作狂人會不斷地從一個專案進入另一個專案，從一份工作進入另一份，每次都帶著同樣的強迫性。對他來說什麼專案並不重要，案子會不斷變換，然而他的癮頭不會改變。他在每個專案中都同樣具有強迫性，因為他是在利用工作來逃避自己的感受。他總是超時工作，但不是為了按時完成報告，而是為了麻醉自己。工作得愈多，他就愈需要工作。他總是要跑在他的感受前面幾步，因為那些感受是痛苦的。

他工作得愈多，就愈必須工作。輕微疲勞逐漸變成筋疲力盡，然而他還是無法停下來。就像吸毒成癮者一般，儘管劑量比上一次更大，服用的時間間隔更短，每一次的效果卻變得更低了。他睡得更晚、起得更早，並且愈來愈累。毒品和工作在這裡的作用是相同的，它們也是因為同樣的原因而使人上癮，也就是能夠讓人暫時緩解痛苦。那些具有強迫性的成功人士，大概就是這樣。

一個工作狂不會想要探測儀。他甚至不會想上到甲板上去，更不用說去尋找冰山。雖然冰山重重包圍了他，但是他想要活在一個沒有冰山的世界裡。他逃進工作裡，養育孩子、學習、加班，都是他待在甲板下的生活方式。在船艙的黑暗中，他假裝自己是安全的，並且利用未完成的作業、孩子的需要或工作上的緊急任務來告訴自己說：我是安全的。

練習：我是這樣的嗎？

如果你懷疑自己正在做的工作是強迫性的，那麼問自己：
「我的專案比參與其中的人更重要嗎？」
「當我在這過程中被打斷時，是否感到不耐煩？」
「我是否為即將到來的事情而感到情緒上的緊張不安？」
「我是否總是沒有足夠的時間來做我要做的事情？」

如果你對這些問題的回答有一個是肯定的，那麼問你自己：
「我是否對每項工作、專案或活動都有同樣的急迫感？」
「我是否感覺需要工作個不停？」
「我是否疲憊但卻無法停止？」
「我的工作是否比我的家人、朋友還有我對他人的承諾更為重要？」
「我是否執著於完成事情？」
「我做的事是不是在掩蓋我的感受或痛苦？」

撞擊的那刻到來時，他就被淹沒了，因為他在水面以下，沒有意識到發生了什麼事。一道黑色冰冷的水流，沛然莫之能禦地沖向他的各種幻想，他順利的生活化為絕望，對同事的不滿突然爆發，或是他發現自己無法控制想要不斷追求新衣、新車、新房子或新伴侶。

情緒到來時，有時是突然的爆發，有時像潮汐或是連綿不斷的沼澤地。本來一切似乎都很好，突然之間出現一個無法跨越的挑戰。突然之間變得無法原諒別人、無法接受他人的樣子，或是早上無法起床。這些體驗並不是瞬間出現的，而是有深刻根源和複雜過程的一部分。一次情緒的爆發看起來可能像是因為肇因於某個事件或情境，比如說一門學科被當、一句罵人的話、一個未達到的期望，或是一個朋友的過世。但那只是站在甲板上看到的景象，只是冰山的一角。用探測儀來看，則是一幅全然不同的景象：整座冰山。

抽離，就是你的探測儀，它讓你能夠順利地航行。它向你展現水底的領域，這樣你就知道自己正在接近一座冰山，它又有多大。如此一來，冰山就不再來得那麼突然，你也不用在最後一刻才用盡所有能量，來阻止撞擊。你甚至不會再那麼注意水面上的山峰或是水面上的表面環境，因為你看到的是整座山。

工作狂是為了避免痛苦而去利用人和情境的手段。它是一種狹窄的關注，不去顧及更大的景象。它就像戴上了眼罩，這樣你能看到的只有那個專案或眼前的事物。你的世界變得非常狹小，看不見其他人和他們的感受，除非他們影響到你所做的事情。你聽不進其他人的話，也沒有意願去聽他們在說些什麼，除非他們所說的會影響到你。朋友、承諾或是其他重要的事都消失不見，只剩下你對工作、事業或專案的那份強迫性的癡迷。

別人介入你的狹窄世界時，你會變得急躁，對那些無法看到你所做之事重要性的人缺乏耐心。即使你做的事情對別人也有一定的重要性，但你其實是為了自己而做的。你日程表上的事務，是為了要占據注意力而存在的，你無法體驗自己所感受的，所以將注意力放在成就之上。你所體驗的唯一情緒，就是一個專案完成時的短暫滿足感，但是那很快就會被想完成其他事的需要所取代。

工作狂就像是把自己藏在一艘船的船艙裡面，在黑暗中專注於一些細小的活動之上，而不知道你就是這艘船的船長。你的生活就是這艘船，你真正的位置應該是在駕駛台上。當船長躲在甲板下面清掃一個僻靜的角落時，他的船一定會撞上冰山的。**當你沉浸於工作狂的狀態，你便讓陌生人主導了你的生活，而你自己則將注意力放在一些不重要的案子之上**。即使你的案子是去創造一個帝國，但這跟在地球學校上創造一個有意義、有意識、慈悲和滿足的旅程相比，也是微不足道的。

那些陌生人就是隱藏在你表面活動之下的情緒。它們不會因為你拒絕去看、去去承認，就消失不見，而是會片刻不停、不斷地在你的內部奔流而過，影響並決定你所想、所說和所做的事情。

情緒覺察讓你清楚地看到這些強大的能量之流，全然地感覺它們，並且從中學習。**情緒覺察讓你能夠清醒地，而不是恍惚地，在地球上行走**。那是打開你的探測儀去航行，而不是在一片黑暗之中努力辨認出水面上的冰山。

情緒覺察不只是在生氣時感受到憤怒；憤怒只是冰山露出水面的部分。撞上冰山就是情緒的參與，你的船撞上了一個無法忽略的東西，使你突然生氣、退縮或在怨恨中激動不已。然而在水面下隱藏著一整座痛苦的山。

每一次撞上冰山，也就是憤怒、嫉妒、絕望、仇恨、優越感或自卑感突然顯現之際，都是一個信號，表示你碰觸了痛苦的山。當你把注意力放在水面上的山峰時，還是無法瞭解你所撞擊的山的全貌。在發現這整座山之前，你還會不停地撞上它。每一次的撞擊都讓你感到突如其來，當憤怒、嫉妒、仇恨、優越感、自卑感或悲傷驟然爆發，就會淹沒你。然而，重要的不是這顯露出來的山峰，而是那整座山。

發展出你的聲納的第一步，就是在撞上冰山後先停下來。有意識地選擇不去吼叫、扔東西或是打人時，想做這些事情背後的衝動，就會變得清晰。那份衝動就是那整座山，體驗它是很痛苦的，大多數的人都選擇做其他事來逃避它。那也是為什麼他們會吼叫、攻擊、做一些殘酷的事情，因為他們正處在巨大的痛苦當中。

練習：發展你的情緒探測儀

感到生氣時，停止你所在做的、說的、想的事情，把注意力放在你的感受之上。

這不是一件容易的事，但很值得去做。當你被強大的情緒，比如憤怒所控制時，請停止說話或行動並開始感覺，才能將那股能量的全部力量轉入你的意識之中。

在一個憤怒的衝動出現時，選擇不去行動，而只是去感覺它下方所隱藏的痛苦，是一件非常勇敢的事情。與面對憤怒下方的痛苦比起來，冒著生命危險去駕駛賽車、或跳出飛機所需要的勇氣反而更少。大多數的人會去做那些我們覺得很勇敢的事情，其實只是為了逃避面對他們所感受到的痛苦。

憤怒是一種麻醉劑，它讓人痛苦，但是卻沒有比它的根源更令人痛苦。憤怒是那條阻礙最小的路。它讓你將注意力放在撞擊上，而不是去研究整座冰山。**憤怒是從感受中逃避，就像工作狂一樣，那就是為什麼它們常常一起出現的原因。**

工作狂就是將注意力放在外在的活動上，藉此逃避感受。當一個工作狂不願感受的痛苦變得強烈到他無法忽略時，不管他將自己在工作中埋藏得有多深，憤怒都會爆發。他撞上了一座冰山。一個工作狂的生活就是長期碰撞著冰山，一個接著一個，陷入無法控制的憤怒爆發、或憂鬱、長期的強迫行為，以及對人對事的癡迷當中。這些碰撞之間的間距可能是幾天、幾週或是幾個月，但是碰撞總會到來。

不管那座山峰在被遇上、研究或在治療中討論過多少次，那座冰山都是不會消失的。山就在附近的時候，山峰也不會消失，只是它不再令人感到驚奇。當你開始探索那座山的時候，也探索了那山峰。它不再是一個孤立的體驗。

完整地看見整座山時，從底部到山峰都能被仔細地研究和欣賞。下次生氣時，如果你不再在憤怒之下說話或行動，不再在暴怒之下攻擊別人或封閉自己，而是去意識到自己的感受，那麼你就開始了這個過程。你愈這麼做，就愈能探索自己的感受。愈深入探索，你就愈能看清那座山的更多部分。

只有你能夠看見自己的山，也只有你能夠探索它。當你開始對山的溝壑、尖頂、山徑和山面都變得熟悉時，就開始能欣賞它，山峰也變成更大風景的一部分了。對整體愈是熟悉，你就愈不容易被它的一部分嚇到。當你對整座山都熟悉時，它的任何部分都不會嚇到你了。

而那就是停止與冰山撞擊的時刻。你不再會無法控制地生氣、嫉妒、憂鬱或仇恨，你不再感覺自己高人一等或低人一等。你關注在探索自己的感受上，包括探索你的痛苦。當你探索這座山時，痛苦可能會時強時弱。然而即使在痛苦很強烈時，你更該關心如何去探索它，而不是設法逃避。如此一來，你就不會再被憤怒中的爆發吸引，因為這會干擾你的探索。

當你把注意力放在探索自己的感受上，即使不停地工作也無妨。你仍然能正常工作，但是在工作時能意識到自己的感受。你會去辨公室、學校和洗衣房，但是你的活動不再是為了掩蓋自己的感受。終於，船長走上了駕駛台，探測儀開始工作了，船也不再在冰山地帶盲目地前行了。所有的活動都在此刻進行，所有的一切都能看得清楚。

工作狂是一種深度的睡眠。它是一種由自我引導導致的昏睡，讓你暫時不去感受痛苦的情緒。這是一個有缺陷的策略，阻止你運用自己無比強大的情緒動力能量，讓你落入自己生命力量與目的的自我催眠之中。

它是一種痛苦的沉睡，讓你遠離永恆的此刻。

穿透效應

情緒覺察需要注意力。**情緒覺察就是專注於一份情緒的體驗上**。一份情緒出現時，把注意力放在別的事物上跟把注意力放在這個情緒上，是完全不同的兩回事。對你正在經歷的情緒不去關注，就像是去聽一場講座，但是一句話也沒有聽進去，或是坐在電視前面，節目一個個開始又結束，但是你什麼都沒有注意到，然後你突然意識到剛才電視是開著的！你記得播放過某些節目，即使它們當時讓你開心或受到驚嚇，但卻也無法描述其中的任何一個。你記得自己看了電視並且開心或受到驚嚇，僅此而已。

如果你當時仔細地研究了電視節目內容，就會清楚記得播放了哪些節目以及節目的順序。你會思考為什麼這個節目在這時段播映，而另一個則在更晚的時段播映。你會注意到晚間、下午和上午節目的差異之處；會注意到不同的導演如何運用演員、安排場景和選擇音樂；你會知道如何欣賞那些設計過的動作和浪漫場景；你會看到不同頻道的新聞節目之異同；你甚至會注意到不同電視畫面的顏色有什麼差異，並比較不同電視的音效。

情緒覺察就是去研究每一個節目、導演、演員、場景和每一首音樂，有意識地仔細傾聽每個聲音並查看每種顏色。情緒覺察不僅是意識到你正在經歷的某一個情緒，而是對每一個情緒都感到興趣，並比對各個情緒，也比對出現在不同的體驗中的同一種情緒。**情緒覺察，是要去持續研究你內在不斷變化的情緒**，就像準備要成為一位情緒動態大師一般。

成為一位情緒動態的大師，需要發展出向內看的自制力，能仔細觀察並運用分析和心智技巧在你所看到的事物上。有些人很輕易且頻繁地哭、笑、亢奮或悲傷，這些人就像在大海的洶湧浪濤間被拋來捲去的軟木塞，無法在情緒的海洋中找到自己的方位，他們被淹沒了。

就像那些自我封閉在思想堡壘中的人，這些人也距離成為一位情緒動態大師非常遙遠。在一個接著一個的情緒之間被拋來捲去，和將自己封閉在數學的理論中一樣，都是逃避痛苦情緒的方法。可以用來逃避痛苦情緒的方法有無數種，但其中沒有任何一種可以永久有效，它們都只是在耽誤我們去處理這些痛苦情緒底部根源的時間罷了。

將自己投入到活動，比如說閱讀、寫作、創業、烹調和購物等事情當中，以逃避痛苦的情緒，這是比較容易辨認的。然而讓自己跳進興奮或失望當中，這類逃避痛苦情緒的方式，可就沒那麼容易被辨認出來了。換句話說，那些表面上看起來似乎瞭解自己情緒的人，並不見得真正能覺察自己的情緒。

一個以非常標準的發音朗讀外語的人，表面上看起來或許精通這種語言。但事實上，這位朗讀者也許連一個詞的意義都不懂。他只知道看到某種字母組合時，該發出什麼聲音，懂這語言的人能夠理解其發音背後蘊含的意義，但是他自己卻不知道自己在說什麼。這種識字能力只是一個假象。

練習：情緒的辨識能力

當你被憤怒、嫉妒、悲傷或憂鬱等情緒席捲時，停下所做的事，將注意力放在你的內心上。允許自己去感受任何你所感受到的，注意，是在你能量系統的哪裡，會感覺到某種身體感覺或是某種不適。接受這種體驗，這是學習關於自己的情緒、並更加瞭解自己的一個機會。

那些特別情緒化的人，其實不知道他們的感受有什麼涵義。他跟一個只知道朗讀外文，卻不知道自己所發的音有什麼意義的人一樣，他不知道情緒體驗背後到底有什麼。遭遇某種情緒的內在體驗時，他會大聲吼叫，而另一種體驗則會讓他悶悶不樂地把自己封閉起來。有些體驗讓他大哭，有些體驗則讓他大笑。

最終，他觀察到自己的反應會影響到別人。想要去大哭、吼叫、大笑或封閉自己時，他知道這些行為會產生什麼樣的結果，於是他開始利用自己的反應去達到這些結果。他並不是想要控制別人，而是感受到一個被自己稱之為情緒的體驗，並把它表達出來，然後就創造了一個結果。這就像是有人觀察一種語言的發音，哪一種聲音會創造哪一個結果，然後他就學會了利用這些聲音，去創造自己想要的結果。

在語言的領域之中，字母的組合會慢慢地為人所熟悉，發音也可以學習，這些聲音的結果可以被記憶下來。所有這些都能在不擁有任何語言知識的前提下完成，因此就算有人可以學習說另一種語言，但這是假的語言，他依舊是那個語言的文盲。

一個這樣使用自己的情緒的人，就是情緒上的文盲。他說著一種自己並不理解的語言，只為了創造自己想要的結果。

識字需要全然投入和努力。學習一門語言是不簡單的，尤其是想把它學好，能流利地表達自己。學習字母和單字的意義都只是開始，將字母組成單字，將單字組成句子，這些都是學習過程的一部分，另外還要能用句子把思想表達出來，將句子組成段落，將段落放在更大的文本脈絡當中。

精通語法、拼寫、句法和風格是另一部分的學習。到最後的階段，則能用這種語言去生活，也就是以這種語言來思考、理解並認識你自己。這一切跟只是知道讀音是很不一樣的。當你精通一門語言，它就成為你的表達工具：你知道語法並擁有巨大的詞彙量，就能描述任何事情。此時，你能做的比光是使用所學到的發音，去創造自己想要的結果，多上太多了。你能夠表達感受，還能交流很細膩的感情和複雜的思想。

一個透過學到的語音去控制別人的人，和一個精通某種語言的人，兩者間差異之大，就像是一個只會發出咕嚕聲音的人和一個技藝高超的演唱家間的區別。一個被情緒所感動，但是不花時間探索、瞭解並辨認出情緒及情緒出現情境的人，只知道怎麼樣發出咕嚕的聲音。這並不是什麼深刻的體驗，這樣的人只是很淺層地意識到情緒，雖然這些情緒看起來很深刻，但是這些情緒並不會深入穿透他，情緒穿過感受到它們的這個人卻不留下任何痕跡。這個人並不會因此而改變。

這就是穿透效應。情緒會經常被體驗並被使用來控制別人，但是經歷這些情緒的人還是原來的樣子。對別人來說，他很情緒化，有時候甚至非常情緒化，但是意識到自己的情緒這件事對他來說，就像和那些把自己封閉在心智之中的人一樣，是一個巨大的挑戰。那些強迫性思考的人不知道自己的感受，他們常常認為自己沒有情緒，對情緒沒有覺察，以致於認為自己在強烈的憤怒和恐懼的體驗之間，是沒有情緒的。

而情緒化的人因為經常情緒化，因此認為自己知道自己在感受什麼。他們認為自己很情緒化，卻很害怕去感受自己的情緒。情緒穿過他們，就像水滴穿過一根被精心設計的、中空的蘆葦一般，成為他去控制別人的方式。他不會因為情緒穿過自身而改變，會利用他的情緒去改變別人的行為。

練習：你是情緒化的嗎？

你認為自己是個情緒化的人嗎？你會……

1. 覺得你有權利表達自己感受到的？
2. 常常感覺自己被情緒淹沒？

別人會不會說你：

- 非常情緒化

- 如此情緒化
- 太敏感
- 這麼敏感

如果是，請嘗試進行下面這個練習。

每次覺得自己情緒化，比如說憤怒、悲傷或嫉妒時，停下來去感覺你所感覺到的。自問：「我的現在有什麼樣的身體感覺？我是在能量系統的哪個部分感覺到這些？」

讓自己去感覺現在正在感覺到的情緒，比如憤怒、悲傷或嫉妒，在你開始進行通常在這種感受下會有的行動之前，比平時多花一分鐘去感覺它。

然後每次都延長這段你以慣性方式去行動之前的時間。

穿透式的情緒，就像是海洋表面的波痕，這和深處的激流是不同的。即使海面上波濤洶湧，浪花如高樓般撲向海面的船隻，水面下幾百英呎處的狀態卻是很不同的。而海洋有幾千英尺深。

穿透效應讓那些頻繁經歷情緒的人，能利用他們的感受，就像水手可以運用洋面的狀況，到達他們想去的地方。那些運用穿透效應的人，就是對自己航行的海洋知之甚少、或一無所知的水手。

發展情緒覺察，就是一堂學習海洋地圖的課程。它是一種深海探索，去發現各個深度的水流。意味著去測量不同深度的水溫、水的清澈度，並去研究不同深度、不同水流以及不同水質處的海洋生物。去跟蹤拍攝海底地貌，將海底深谷、山脊和高峰等在地圖上繪製出來。

舉例來說，憂鬱是一種表面的情緒現象，雖然這是一種非常痛苦的體驗。在憂鬱的體驗之中，有無數極為複雜的力量交纏其中，幼年、童年以及前世的經歷都有一些貢獻。此外，還有來自父母、兄弟和同儕的作用，會影響我們的感知和理解，而集體意識中成千上萬類似傾向的人，也會加強並擴展痛苦的感覺和思想。這些複雜的情緒流集合在一起，形成了憂鬱這種個人化的無力感體驗。

若缺乏情緒覺察，就難以探測這種體驗的深度。**如果不將憂鬱體驗做為進行靈性成長的工具，那麼體驗憂鬱，就像是身在痛苦之海的一艘船上，卻只是隨波逐流，而不是花時間去學習如何駕馭它**。你會被波浪拋上拋下，隨風漂移，也被每一次的激流帶走。

憤怒就是一道激流，總是伴隨著憂鬱而來。有些人覺得如此憂鬱，以致於他們不知道自己是生氣的；另有一些人則是如此憤怒，以致於他們不知道自己是憂鬱的。感覺到憂鬱但卻不去經歷它，會使一個人對這個情緒過程，無法有更全面的瞭解。

憤怒也不是一種簡單的現象，它遠不只是荷爾蒙系統和大腦皮層的化學失衡。每次憤怒的體驗都來自無數能量系統的相互作用。有成千上萬、甚至數百萬種這樣的系統（來自前世，來自其他能量場，來自你所經過的能量場，或是來自人類憤怒動力的進化），這一切都在一次憤怒中起作用，有些千萬年形成的成分，會在憤怒的那瞬間出現。憤怒就是你意識中這許多的能量場之間的相互作用，而你對這體驗的反應，也會影響它們。

在這些水流之下，還有其它的水流。當世界不是按照你想要的樣子呈現時，就會觸發憤怒。一個親近的人過世、一樁生意的失敗、一段關係的破裂，或是被診斷出患有絕症……，突然之間你充滿了憤怒。被粗魯地對待、一位朋友不誠實，或是新車有無法修復的毛病……，憤怒就在你內部咆哮而起。爆發怒氣，比起去體驗憤怒之下的痛苦，要容易得許多。

憤怒是那條阻力最小的路徑，也是人們更常走的路。情緒封閉、憤恨、批評強迫症、報復心……，這些都掩蓋著如此強烈的痛苦，以致於無法接近它。除非承認、體驗這份痛苦，否則它還會繼續觸發憤怒和憂鬱。

練習：更常走的路

每一次感覺到情緒，比如說悲傷、憤怒、嫉妒、恐懼時，問你自己：「我想馬上表達自己，做我通常會做的吼叫、封閉、哭泣嗎？我要走上這條常走的路，

還是，

我要去走那條不是那麼常走的路，要去感受我的感受，真正去探索我身體裡的感覺，並找到它們在我能量系統的位置。」

如果你決定去走那條不常走的路，那麼告訴你自己：「我允許自己去感受這些情緒，而不是表達自己，或以我通常使用的方式去行動。」

憤怒和憂鬱並不是問題。它們都在指向真正的問題，也就是在憤怒下面的痛苦之下，隱藏的恐懼之海。這份恐懼不只是對黑暗、對動物或對拒絕的恐懼。**它是對活著的恐懼，對於沒有歸屬感、孤獨、無法生存的恐懼。這種恐懼並非針對特定環境反應**，而是對生活在這個世界上的恐懼；對這個世界，你覺得沒有準備好，在這個世界中你感到無力。它是一道無法逃跑和倖存的巨浪，它是一種無法逃避、即將

來臨的毀滅。

在情緒動態底層，藏著這些痛苦體驗的根源，那就是自我價值的缺失感，一種沒有價值的感覺，無論是對自己、對別人或是對宇宙皆如此。**自我價值的缺失感，是所有情緒痛苦的根源**。它是植物的根，憤怒和憂鬱是花，樹枝是因為這個世界不是你想要的樣子所感到的痛苦，對活著的恐懼則是樹幹。自我價值的缺失就是樹根。

你可能擁有很多崇拜者、朋友和親愛的家人，可能成就了所有的目標，但在這複雜的情緒動態之下，自我價值缺失感卻總是存在，不管你的成就有多高，它總是不斷地產生恐懼、情緒痛苦、憤怒和憂鬱。它無法透過改變外在的世界而被根除，無論多少成就、讚揚或崇拜都無法觸動它，無論多少愛與關心的陪伴或是支持，都無法減少它。

這就是缺乏安全感與缺乏價值感的體驗，它是無力感的核心體驗。向外追求填補這個內在自我價值缺失的空洞，就是對外在力量（去操縱和控制的能力）的追求。對外在力量的追求，是人類自起源以來一直在使用的進化方式，而現在這種情形正在改變。人類進化的新途徑是向內看，尋找這些不安全感的來源並治癒它們。這就是對真實力量的追求，也就是將人格與靈魂對齊。

情緒是路標，指引你需要被治療的部分，是黑夜裡照亮馬路的街燈，也是為你特製的廣播，播放著能讓你獲得靈性成長所需要的資訊。

情緒覺察和靈性成長總是同步發展的，愈來愈能夠隨時察覺到自己感受到的一切時，你就開始了靈性成長的旅程。你無法在對情緒一無所知的情況下走上這條道路，**對情緒的無知，會導致你被內在那些產生情緒的部分所控制。**

穿透效應會讓你繼續受到這些部分的控制。

完美主義

練習：完美的清單

在你開始閱讀這章之前……

列出兩份清單，一份是你生活中完美的部分，另一份則是不完美的部分。清單列的愈完整愈好。比如說：

完美	不完美
我的廚房	沒有足夠多的錢
我兒子的快樂	我女兒的憤怒
我的丈夫	我的汽車

我的工作　我的妻子

在腦海中想像你在不完美清單中列出的第一個項目。想到這個不完美的情景、東西或是人的時候，注意去感受到的感覺。你有什麼身體上的感覺？這些感覺位於哪一個能量中心附近？

在腦海中想像你在不完美清單中列出的第二個項目。重複上述的事情，注意你的身體裡有什麼感覺，這些感覺在哪個能量中心的附近？對你列在不完美清單中的每一個項目，都做同樣的事情。

完成之後，再對你的完美清單上的每一項條目做同樣的事情。想到每一個完美的情景、東西或是人的時候，注意你的感受。記下身體裡的感覺，以及這些感覺是在哪個能量中心附近。

將你對完美的情景、東西和人的感覺，以及你對不完美的情景、東西和人的感覺，兩者進行比對。

完美主義就是假設世界是不完美的，然而這個假設並不是正確的。每個境遇都是完美的，純粹的自然和一個垃圾場都是完美的，前者是植物和動物未受人類侵擾下自然發展的完美例子，後者則是過度開發和缺乏尊重的完美例子。前者向我們完美地顯現我們周遭自然之的平衡與美，後者向我們完美地展示我們會如何破壞這個平衡。

完美主義者假設某個選擇比另一個更好，然而每個選擇都能創造出完美的結果。有些選擇會創造出比其他選擇更具破壞性的結果，有些選擇則會比其他選擇更具建設性。不過，所有的選擇都會創造出完美的結果，因為在這些選擇下，結果不可能有所不同。一個去利用他人的選擇，不會創造出一個尊重和欣賞的結果，而只能創造出暴力和破壞。當暴力和破壞顯現時，在這些已經做出的選擇面前，說它們不完美，是不正確的。

每個人分分秒秒所做的選擇，並不是在一個完美的世界、和不完美的世界之間所進行的，而是在不同的完美世界之間所進行的。哪個完美的世界是你更喜歡的？是純淨的自然，還是垃圾場？是尊重和欣賞、還是暴力和破壞？選擇掌握在你手中，但是你的選擇從來不是在完美和缺陷之間進行的，而是在完美和完美之間。

完美主義
就是
假設世界是

不完美的。

努力避免不完美，是沒有用的，因為不完美根本就不存在。在那些導致你做這個選擇的前提下，每個境遇都是完美的。你只能在無數的完美境遇中，選擇你將要創造哪一個，評判某個境遇高於另一個境遇，你就混淆了偏好與完美。它們是不一樣的。

你所偏好的，並不比別人所偏好的更高，你的選擇所創造的，並不比別人創造的更高。當你試圖將自己的偏好強加於人時，並不會創造出一個更完美的世界，反而會創造出一個麻木的、強制性世界。不管你是尊重別人或是把自己的想法強加於人，創造出來的結果，都是你選擇的完美產物。當你尊重別人時，生活充滿喜悅、感恩和欣賞，你像春天的花朵一樣綻放。將自己的選擇強加於他人時，你的心是關閉的，你生活在恐懼之中，你的偏好成了一個痛苦的堡壘，把那些跟你沒有共同偏好的人隔絕在外面。

外在力量的追求（操縱和控制的能力）就是堅持你自己偏好的境遇，對別人來說也是完美的，但這只會創造出暴力和破壞。尊重他人的偏好則創造出和諧、分享和合作，也就是尊重生命。這就是對真實力量的追求，也是將人格與靈魂對齊。

如果你評判自己的境遇是不完美的，那麼就阻止了自己看清那些你所做的選擇，也就是那些創造了你境遇的選擇。換句話說，它阻止你為自己的境遇負責。比如說，一個嚮往他人陪伴的孤獨者，往往會忽略那些創造了他那種痛苦隔離狀態的選擇，而那些選擇都是他自己做出來的。他怪罪別人不理解他，怪罪自己沒有價值。對宇宙充滿憤恨，站在一個對立的受害者位置上。他會一直待在這裡，直到最後痛苦變得無法承受，讓他不得不看清楚自己在創造痛苦體驗上所扮演的角色。

能看到你從前做出的選擇與你現在的境遇這兩者之間的關係時，就會看到你境遇的完美之處，然後你就能改變它們。看到這層關係之前，你會對自己的境遇感到後悔，對此感到驚異，排斥或不願捨棄它們。你會認為自己被某種隨機的動力或一個冷酷的宇宙所任意擺布的。

練習：完美

當你做了一件讓自己感覺不完美的事情，或是一件常使你心煩的事情時，比如將鑰匙鎖在車裡或是丟了錢包，停下來注意你的身體感覺，並感覺它們位在你能量系統的什麼地方。

然後對自己說：「我很高興我做得如此完美。」

當某個人（尤其是跟你很親近的人）做了一件你一定會評判為不完美的事情時，注意你身體裡的感覺，以及它們在你能量系統的什麼地方。同時，對自己說：「我非常高興有這樣一個完美的人，（或情境）來教我瞭解我自己。」

創造處境的動力並不是隨機的，你就是那個動力。你持續且完美地創造，不管是否有意識地做出選擇，你都在創造出情境並且體驗它們。這個動力是完美的，你創造的情境是完美的，因為它們永遠都在反映出你的選擇。每個情境都提供你一個機會，讓你看到它與創造它的選擇之間的關係，這個選擇就是你自己先前所做出的。

完美無處不在。它在你所處的境遇的創造之中、在你的處境之中，也在你的處境提供給你的各種可能的洞見中。它是你的生活、以及其中的一切，也是其他人的生活以及所有其中的一切。它是這些永不止息的體驗，這些體驗在時時刻刻都提供你機會，讓你看到你所選擇的和你所體驗的兩者之間的關係。那就是持續將你輕輕推向更多的意識和自由的慈悲和智慧。

完美主義就是忽略一切本來就是完美的過程，它從此刻的力量中離開，並害怕感受到這股力量。**完美主義是一種將注意力從情緒中轉移開來，並阻止你去探索自己的創造性力量的心智把戲**。它是對自身責任的逃避，它一次又一次在浪頭打過來之前，去建造沙堡，而每垮掉一座沙堡，都會製造出想要馬上建造出另一座沙堡的需要。然而，不管是沙堡或是浪頭都不重要，只有那永不停止的建造是重要的。這就是完美主義的體驗。

當你為了達到完美而奮鬥，就是在比較將來可能出現的不同的圖像，而不是存在於當下的。完美主義是一種不斷重複「籬笆那邊的草更綠」的體驗，而你總是在草的顏色比較淺的這一邊；為了讓這邊的草跟另一邊一樣綠而不斷奮鬥著。完美主義就像是將能量耗在一個不存在的未來上，將你帶離自身力量所在的當下此刻，去到一個想像中的未來裡面。在那個未來中，你桌上所有的工作都已完成、你的房子布置得如你想像，而別人表現得像你認可的那樣。

為了讓你的處境、你自己和別人變得完美而奮鬥時，你就無法欣賞此刻。你無法在桌上堆滿待處理的事物時，還去欣賞它們以及自己的感覺；你無法欣賞房子本來的樣子，以及你對它的感覺；你無法欣賞別人對待你的方式，以及你對他們的感受。**完美主義就是企圖生活在一個想像世界中，藉此逃避體驗你所生活的世界**。

練習：暫緩完美的需要

如果你是個完美主義者，那麼當那種想要去重新安排、繼續工作至深夜，或是擴大你想要的完美領域的衝動變強時，停下你手邊正在做的事，而去感受你的感受。你的第一個體驗，將是一種無法抗拒想要繼續自己所做的事的需要，忽略那個需要，會立刻在你的內在創造出痛苦的體驗。暫緩這個去創造完美的需要時，你便會體驗到那個創造它的痛苦。

如果你是個工作狂，那麼當你必須要做的事情份量和緊急程度讓你按捺不住的時候，先讓自己停下來。你將會體驗到一種強烈的痛苦，讓你幾乎無法控制地想要重新開始你的工作。

去感受它。

要體驗這個你活在其中的世界，需要你的心，你無法透過只能提供部分圖像的心智和感官來領會，因為那只能提供你看到、聽到、嚐到、碰觸到、聞到和分析的那部分。整體的圖像，需要你意識到自己感受到的一切。完美主義是阻止這件事發生的一個機制，它以思想和活動來掩蓋痛苦的情緒，它的每一次思想和活動，都是在追逐一個不存在這些感受的夢幻世界。

對痛苦情緒的逃避，會引發想要擦洗、整理或完成任務等強迫性衝動，它將你的注意力固定在認為外在環境就應該是什麼樣之上，而掩蓋了你的感受本身。每一個「癮」，包括完美主義在內，都是對痛苦情緒的恐懼，而製造出強迫性的控制需要。這個癮頭想強迫周圍的環境、自己和別人做出改變，藉此解決自己不敢體驗的那種痛苦情緒。

每個想要創造完美的衝動，都是對外在力量的追求，那是一種透過向外看來安撫內在痛苦體驗的方法。它透過重新安排外在世界來解決問題，而不是向內看、以找到痛苦的根源，並治癒它。

完美主義是強迫的、僵硬的，它阻止了能量與智慧（情緒體驗的能量以及企圖引領你的宇宙智慧）的自然流動。關注在自己的完美構想之上時，你意識不到自己的能量系統以及能量是在哪裡被如何處理，你只關心如何去改變你的外在環境。

當你追求完美的理想時，就會出現更多需要被改變的環境。你相信自己正走向一個目標，但是那個召喚你的目的地，一個能夠完成工作、感覺被愛、感覺有吸引力，以及感覺有價值的世界，永遠都在你前方不斷向後退。就像無法到達地平線一樣，你也無法碰到它。你永遠無法做完所有需要做的事情。不管如何減肥，你永遠都無法覺得自己有魅力。不管有多少成就，你永遠都覺得自己能力不足。不管多麼地被愛著，你永遠不覺得自己可愛。

你以嚴厲和無情的眼光看待自己，不管做了多少工作、改變和改進，你的衣服、房子、活動、言語和生活，對你來說都是不足的。完美主義會持續評判自己和別人的不足，評判得愈多，你看到的不足之處就愈多。

完美主義停留在思想和想像的未來之中。當你關注在完美上，你的情緒永遠不會停止，它們會持續激發你的行為、影響你的感知，並改變你的身體。完美主義與焦慮總是同時出現，而焦慮和潰瘍、胃部不適、肌肉緊張、高血壓以及慢性疲勞也會同時出現。

情緒覺察跟完美主義完全相反。**情緒覺察就是放鬆地進入此刻，即使此刻包含了痛苦的情緒**。它允許你所感受的一切，進入你的意識之中，並隨時隨地觀察你能量系統的運作；它會將念頭的類型與身體的感覺做出對應，同時感受到自己內在的感受、以及周遭的環境。

而完美主義則是沒完沒了地進入虛幻中那個無法抵達的未來旅程。它是一種無法飽足的飢餓，一種無法停止的乾渴，一種無法減輕的痛苦。它是一齣持續痛苦的戲劇，將你的注意力從那真正能夠餵食、滋養並滿足你的地方引誘和轉移開來。

討好他人

想要討好別人的渴望，是一種力量強大到足以將你的注意力從感受中轉移開來的方法。盡可能避免引起別人的不快時，你自己卻處在極度的不快之中。你很緊張隨時為最壞的結果做打算。你的注意力放在別人和他們的體驗之上，除了焦慮與恐懼，你忽略了自己的體驗。

想要討好別人的衝動，是一種因害怕失去而產生的強大動力。你認為沒有了那個害怕失去的東西，就活不下去了，所以想要獲得別人的贊同、表揚、關懷和愛的需要很強烈。在情緒上，這件事攸關生死，當人們表現出不悅時，你的內在就會創造出驚恐，讓你感到痛苦。它讓你的肌肉收縮、脈搏、呼吸加快，並將注意力集中在狹窄的地方，還會產生別的問題。此時對你而言只有一件事是最重要的，那就是讓別人感到愉快。

努力想取悅卻無法取悅的人面前，這種驚恐會更強烈。當它愈強烈，你就愈痛苦，想要去討好人的需要也就愈強大。討好人的衝動不是驚恐的體驗、或是驚恐所產生的身體痛苦，而是蓋在這個深刻而強烈的痛苦之上的面具，不僅讓別人看不到這痛苦，也讓你看不到它。就像憤怒一樣，討好的需要，掩蓋了極度的痛苦。

憤怒是對環境和他人的反抗，也是對外在力量（去操縱和控制的能力）的追求。憤怒的目的是去改變別人的行為，並且透過這樣做，讓自己感覺更好。討好則是同一種動力的另一個極端。去討好就是力圖改變別人，好讓自己感覺更好。

憤怒和討好的需要，都產生於極端痛苦的情緒。它們在你的感受上面蓋了一個蓋子，把痛苦掩蓋起來。在這兩種情況下，底下的痛苦都沒有進入意識當中。第一種情況下，痛苦被狂怒所遮蓋。第二種情況下，你透過將注意力狹窄地放在別人的感受上，遮蓋住了痛苦。

想去討好的人和生氣的人都是外在力量的追求者。憤怒的人公然地追求它，去討好的人則是暗地裡追求它，只是操作的方式不同。兩者都與他人保持一段距離，都意圖控制別人，也都很恐懼。兩者企圖找到同一塊缺失的部分，只是方法不同。

想討好的人和那些透過憤怒來支配他人的人，總會找到彼此，他們在地球學校上的是同一門課。可能父親是支配者，而女兒是服從者。可能是個常憤怒的母親，而兒子總是想辦法避免她的憤怒。他們需要面對的挑戰，在於要去發展出能力和勇氣，以面對掩蓋在行為之下的痛苦。

暫緩了討好別人或是發火的衝動時，比如說，當一個人在衝動面前保持安靜時，那下面的痛苦就會浮現在意識中。那體驗讓人如此之不舒服，以致於會馬上激發想要發火或討好的行為。最後，去討好別人或者去支配別人所產生的痛苦後果，會超過產生這討好和憤怒行為本身的痛苦，於是去發現那想要討好或者發火的衝動根源的探索，就此開始了。如果這份探索一直沒有發生，那麼一個人直到離世時仍然會帶著這種相同的行為模式，然後一個攜帶著相同模式的人格轉世在地球上，繼續這趟發現其根源並獲得療癒的旅程。

換句話說，**治癒去討好的需要以及無法控制的憤怒，是一項神聖的任務**，是人生來就要做的事情之一。唯有如此，你才能發揮靈魂的天賦，而這也是人生來就要做的事情之一。當一個人開始挑戰想討好別人或變得憤怒的渴望，他就踏上了靈性的旅途。一旦開始了這個過程，當這個過程結束時，他便成就了一個擁有真實力量的人格，一個與靈魂對齊的人格。

一個實現了真實力量的人，會自然地創造出和諧、合作、分享，以及對生命的敬重。當你想要討好人時，就創造不出這些事物。**去成為別人所期盼的樣子，會打亂和諧，僅管暫時緩解了緊張氣氛**，卻阻止了合作和分享。你無法表達創造性，也無法尊重他人，與他們建立靈魂對靈魂的關係，所以你無法運用在地球上的巨大深度和力量，也無法欣賞別人。

一個討好的人，會不斷地觀察別人的感受，這樣他才知道如何跟他們相處。他自己不曾真實地交流所感受、所想和所期盼的一切，因此也不認為別人的請求和交流是真的，而是自己努力猜想他們真正想說的和所期盼的是什麼。他的表達是模糊的，以便在與人交流感受或想法引起不快時，給自己留一條退路。

如果別人不開心，他會努力讓那個人開心起來，這樣他才感到安全。如果同事、父母，甚至孩子感到不快，他就會開始驚恐。他覺得一個最小的錯誤也會造成恐怖的後果，因此必須小心說話和行動，以避免遭到拒絕。他對於別人的不悅時刻都保持警戒。

換句話說，一個想討好的人總是處於緊張狀態，焦慮長伴他左右。這就好像有個人總是和你在一起，總是將你的注意力帶到可能發生的災難之上，他從來都不安靜，不管你到哪裡，都能聽到他在你耳邊說話的聲音。這讓你無法聽見在你身邊發生的其他對話，他的聲音是你唯一聽到的聲音。

情緒覺察需要你同時聽到很多對話。能量持續通過你能量系統的各個中心，並以不同的方式離開，每一種方式都是一次對你有益的對話。比如說，能量可能在你的太陽神經叢（第三個中心）以恐懼和疑惑的方式離開，然後在你的胃部造成不適。那就是一次對話。能量可能在你的喉部（第五個中心）以恐懼和疑惑的方式離開，讓你的聲音變得粗糙、或者讓脖子和肩膀變得緊縮。那是另一次對話。當能量在心的附近（第四個中心）以恐懼和疑惑的方式離開，在你的胸部製造出不適感。

那又是另一次對話。

練習：你的討好有多令人愉悅？

回憶你努力去討好別人的場景和當時的情況。你當時的感覺是怎樣的？掃描你的能量系統，注意在身體的什麼地方感到緊繃。是喉嚨裡面，還是肩膀裡？你的頭痛嗎？你的胸口是不是緊的？有哪些想法伴隨著這些身體感覺出現？

如果你在這個場景中成功地取悅了某人，你有什麼樣的感覺？

如果當時沒有成功，你又有什麼感覺？

下一次當你感覺自己有想要討好別人的衝動時，停下來感覺一下，對你的能量系統做一次掃描。注意在你身體的什麼地方感覺到緊繃和壓力以及其他的身體感覺。它們出現在哪裡？你又有哪些相關的念頭？

這所有的對話都值得你注意。每次對話都指出能量正以恐懼與疑惑的方式離開你的能量系統。當能量以愛和信任的方式離開你的能量系統時，也會創造出身體的感覺，也就是更多的對話。你的能量系統創造的對話，總是不斷開始又結束，總是在變化之中。

一個將意識放在討好別人上面的人，意識不到絕大部分的對話，他的思想總是放在各種恐懼的可能性上。他的身體是緊繃的，意識充滿了焦慮、緊張以及如何取悅別人的想法。他就像一隻在推磨的動物不停地跑，位置卻根本沒有改變。他跑得愈快，磨就轉得愈快。他總在擔心自己呈現出來的樣子，卻無法知道別人怎麼看他，所以必須不斷地猜測。他的身體、衣著、言語和行為對他來說很重要，因為他總是意識到自己會對別人產生什麼影響。

他學著讓自己沒有任何意見。當別人問他意見時，他會愣住，因為害怕被拒絕而不敢說出自己的意見。他必須先聆聽別人的意見，以免觸犯別人。他人的意見就像他人的需要一般，比自己的需要更加重要。討好他人對他來說很自然，因為他不把自己看得和別人一樣值得關心。他的策略是關注別人，這樣才能夠被人們接受。**一個想討好的人，把自己的個人價值放在別人的手中，依賴他們的評斷，然而他同時也會盡最大努力去影響他們的評斷。**

他忽略了自己。因為他不會照顧自己，所以總是等待別人來照顧他。他不覺得自己值得去要求他所需要的，然而當他得不到別人的回應時，就會變得怨恨。他覺得自己對別人是完全投入的（強迫性的）關心沒有得到應有的回報。但是當回報到來時，他又無法接受。他無法接受別人的照顧，因為他不相信他們願意，他的無價值感，阻止他去相信別人照顧他的意願，會懷疑那些人有什麼隱藏的動機。他無法從別人那裡接受愛和關懷，因為那與他的自我形象不符。

練習：我為什麼在討好？

如果你發現自己想去討好他人，先停下來，並允許自己去感覺在那底下有些什麼。

當你注意到自己又感覺到別人的感覺時，要問自己：「我感覺到的是愛和信任或是恐懼？」停下來感覺你所感覺的。你為什麼會對那個人的感受有興趣？是因為他能夠做你要他做的或說出你想聽到的，讓你感覺到更安全嗎？

如果他無法創造出自己尋找的被接納感，就會感覺自己低人一等、被拒絕、心煩和絕望。風離開了他的船帆，他因為不成功的努力而感到筋疲力盡，被無價值感淹沒。他認為別人的不同意是對他的拒絕，別人的疑問是對他的無能的指責。

回想起那次的挫敗經驗，他會變得憤恨。他的憤恨有很深的根源，因為那不僅是一次被拒絕的經歷，而是那之前的許多經歷累積出來的。他持續搜索被拒絕的感覺，直到發展成過度敏感，經常將別人的言行理解為想要避開他的拒絕。

憤恨和討好是矛盾的。所以，憤恨在試圖討好時被埋藏在心裡，但是當努力失敗時，憤恨就開始冒出來。如果感覺不到足夠的安全去表達它，這個人就會被傷害完全吞沒。他感覺自己是隱形且沒有價值的。偶爾他會感覺到自己的憤恨，不過卻無法表達出來。

討好者只有對那些同樣需要討好的人，才能感受到足夠的安全去表達他的憤恨。當一個人無法透過憤怒來掌控時，會懷疑自己，並且感覺不到安全感，這就創造了一個去討好的需要。一個討好者在感覺夠安全時，會變成憤怒的人。而一個憤怒的人感到驚恐時，就會變成一個討好的人。

練習：同一種動力的不同面向

討好的需要	怨恨、憤怒
他們看起來有何不同？	
服從的	支配的
擔心別人眼中是如何看他的	不在乎其他人
充滿思慮且恐懼	感覺正義
學著讓自己沒有看法	堅持己見
努力贏得別人的贊同	尋找被拒絕的信號
透過為他人做事而操縱	透過憤怒而操縱
掩藏的憤怒	顯露在外的憤恨
對他人有強迫性的關心	推開他人
把注意力放在他人身上	與他人有一道隔開的牆
對失去的恐懼	對環境的反抗
在夠安全時感到憤怒	在十分驚恐時討好

他們有哪些相同的地方？

無價值感	無價值感
身體緊張	身體緊張
有權威問題	有權威問題
想控制他人	想控制他人
追求外在力量（隱藏的）	追求外在力量（公開的）
驚恐的	驚恐的

兩者的目標

避免痛苦的、丟臉的情緒	避免痛苦的、丟臉的情緒

討好他人讓你無法體驗到自己的情緒，因為你總是在嘗試去感覺別人體驗到的情緒。你在這種嘗試中迷失，感覺被第一個人評判、被第二個人反對，然後被第三個接受……，你感覺不到自己的情緒，因為你把注意力放在其他地方。

討好會把你的情緒體驗狹隘地置於恐懼和焦慮上，讓你只有在成功的某些時刻才稍微感到放鬆。然後又開始擔心你無法繼續這樣，於是這又破壞了你的放鬆。你以為自己有覺察到情緒，但其實不是。被拒絕的痛苦一直都在你心中。你無法在討好的同時還能自由呼吸，或是在生活中感到放鬆，表達創造性並欣賞自己和他人。

你無法
在討好的同時還能
自由地呼吸
在你的生活中放鬆
表達創造性
和
欣賞自己與他人

別人也無法欣賞你，因為他們不知道你是誰，而你也不知道自己是誰。你定義自己，是透過自己認為的他人的感知，你的思想和言行不斷在改變，因為你對他們的感知總是在改變。只要沒有去探索你想避免的遭到拒絕的痛苦，它就會持續創造出想去討好的需要。

因為隨時隨地都得討好別人的需要，是個永遠無法完成的目標，你得永無止境的努力，但這只會使你愈來愈遠離自己的感受。避開那些面對起來太痛苦和羞辱的情緒，就是討好的目標，然而，這卻是一個技巧，可以把你和對失去的恐懼隔開來，也是一個將你和你的無價值感、以及相伴而來的驚恐感隔開的方法。它讓你逃離宇宙想要你注意的事物，並讓你無法達成自己的圓滿、豐富與偉大。

討好的策略對那些使用它的人來說，並不是策略，而是唯一的生活方式。他們無法想像其他的存在方式。他們必須能意識到自己正在做什麼、以及該怎麼做，才能以新的角度，看到自己企圖去討好他人或對他人發火的真正動力。如此他們就能看到，透過討好或是對人發火來操縱別人，並不是每個人都會走的一條路，對他們來說也不是唯一的路。

這不過是眾多逃避情緒方法的其中一種。

分神

分神就是做白日夢、心不在焉，以及和無法集中注意力自己的任務上。那是在一個活動尚未完成時丟下它，只是為了去完成另一個活動，卻沒有意識到自己已經將注意力從第一個活動轉到第二個上面了。分神就像在一次接一次的度假當中，因為在度假，所以你負責的工作總是完成不了。認真工作之後或是需要重新集中精神時，適度的放鬆和恢復精力是恰當和健康的。然而，分神並不是這樣，它是在逃避必須去做的工作，每次才開始這份工作，你就同時進行另一次度假。

這種度假並不令人感到享受。有時你因為這份工作被丟下而感到擔心，有時則會感到恐懼、生氣或嫉妒。你丟下它，通常只是為了去思考另一個瑣碎且不重要的事務、一個不相干的主題，或是去回憶一部電影、一段快樂或悲傷的過往，或是去想像一個令人愉快或不愉快的未來。

你分神時所丟下的工作，是你生來就要做的工作。這份工作就是去意識你所有的感受，用你最大的意願去有意識地創造你的體驗，以及將能夠接觸到的最高感知、價值和目標帶入你的生活當中。那就是你的靈魂。你的靈魂是渴望和諧、合作、分享以及對生命的尊重的那些部分，也是你永恆的那部分。

你的靈魂對生活進行著長期的方向指導。它對你的新自行車、新工作、新女友或男友的興趣，不如你對這些事物的興趣來得大。它感興趣的是你從自己的經歷當中，包括新自行車、新男友或女友，以及其他事物那裡學到了什麼。**你的靈魂感興趣的，是你如何使用自己的能量、創造了什麼，以及你是否正走向最高潛能**。靈魂更大、更豐富也更完整的角度去看待你的生活經驗，它看到你和每個與你生命旅途相交的人（不管是親密的關係還是短暫的相遇）連結在一起的總體畫面。靈魂欣賞你在地球上生活的宏大遠景、你創造力量的廣大範圍，以及你如何去使用它們的這份重大責任。

去完成你生來就要做的工作，是一件很令人感到滿足和喜悅的事情。它讓你隨時都變得完整。你每天的生活都充滿了有意義的活動，而每晚都能完全地放鬆並得到恢復。洞見和理解將不斷地激勵滋養你，讓你感到喜悅。你的創造力將被點燃，語言和行動都非常恰當。你知道自己值得擁有生命，對生命充滿感恩。你能欣賞他人，並且珍視地球。

當你不去做這項工作時，就阻礙了自己獲得這些體驗。你將活在一個淺陋的生活中，充滿了恐懼、以及讓你無法感到滿足的活動。你關心著那些並無法滿足你的目標，因此不管你多有成就都會感到空虛。你渴望意義和目的，然而親密關係無法減輕你的這份渴望，成功也無法真正滿足你。

分神是一種阻止你將意義、目的和滿足感帶入生活的生活方式。它讓你持續地避開那些本可以用來幫助創造真實力量（將人格與靈魂對齊）的體驗。你將意識從此刻中撤離出來，就像為了看電視而忽略了一件重要的事一般。

那件重要的事就是你的生命，而你的白日夢和幻想就是電視。有沒有注意到過看完一個節目之後，你錯失了一些很重要的東西？如果這個電視節目整整持續了三、或五十年，你又會錯失了多少重要的東西呢？**你因為分神，喪失了對此刻的意識，此刻卻還在繼續，它是無始無終的，然而你在地球上的時間是有始有終的。**

一天之中，你有多少時間會意識到自己的意圖？有多少時間會去聽聽自己在說什麼？有多少時間會去思考自己在做什麼，並思考你的行為對生命是否有貢獻？學著發現你的意識懈怠的時刻，以及在無意識下進行的活動開始充滿你生活的時刻，這就是發展出真實力量的部分工作。它是靈性成長的重要學習過程，而這個過程始於情緒覺察。

分神是一種放縱自己衝動的模式，它讓你轉移注意力，只為了讓你逃避感受自己的情緒。在分神的生活方式中，有意識的時刻偶爾才會出現。有時這些有意識的時刻會更長，有時放縱的時刻更為頻繁。這種遊移不定的注意力根源於恐懼，也就是對專注於此刻的恐懼，或是允許對自己的情緒變得有意識時，害怕自己可能會因感受而出現的恐懼。

分神從來不是對環境的反應，電視上突然預告一齣好看的電視節目，或是在商店中突然想起需要買一雙襪子，這些都不是分神的原因。環境只是一個鉤子，你其實是因為害怕感受自己的情緒而上鉤。環境不會將你從此刻中拉出來，但你的恐懼會。

活在當下，需要你察覺自己的情緒，包括你的恐懼在內。它需要你對能量系統以及它是如何運作的變得有意識。就是去感受你身體的感覺，並注意到這些感覺出現在能量系統的什麼地方，以及有哪些思想伴隨著這些感覺出現。

沒有這種意識，你就會迷失在思想和

活在當下，你需要意識到自己的
1. 情緒
2. 能量系統
（以及它如何運作）

感受身體的感覺　＋　觀察相伴的思想

而且
情緒覺察就是

感受身體的感覺　＋　觀察相伴的思想

幻想的領域中。生活在你面前以一種有力、深入且有意義的方式展開，而你卻在看電視。如果你的生命在節目結束前結束了，你將會有一種損失感。這種損失感就像是在觀看一場橄欖球賽或是一個脫口秀節目時，發生了一些非常重要的事情一般，你對當時正在看的節目並不感興趣，結果你卻因此錯失了一些讓你真正感興趣的事。

當你扎根於此刻時，你就會對生活感到興趣。那些突然出現的思想、意見、強迫性的活動以及具體的記憶想要抓住你的注意力，將你從生活的豐富和深度中帶走。然而，這樣的生活就好像是觀賞著一部接著一部的黑白電視廣告，而不是看一部彩色、寬屏、環繞立體聲、且有數百萬演員登場演出的劇情片。你是這部電影的編寫者、導演和明星。這就是分神離開此刻時，你所錯失的。

你的電影充滿了事件和人物，每個人物互動和場景變化都會在你的內在製造情緒。換句話說，你的能量系統對不同的人、環境和事件各有不同的反應。遭遇不同的人事物時，能量就在不同的能量中心裡以不同的方式被處理，因此你的身體在不同時間地點的感覺也不同。

這是你生來就要去體驗和不斷改寫的電影，唯有在主角對生命有著深切的關愛，並且情緒體驗中充滿了有意義的場景時，才會變得完美。這位主角關愛他人，度過充滿意義的生活，並為自己對生命能夠做出的貢獻負責。而你和主角之間的差距，就是你在靈性旅途中還要走的距離。

當你因為分神而錯失生活時，也就是注意力游離、心不在焉的片刻，你就忽略了這趟旅程。你浪費了在地球上的珍貴時間，儘管這並不需讓你感到羞愧或是感到被評判，不過在此刻，機會就是錯失了。然而，接下來會有更多的機會來到你的面前，宇宙總是源源不絕地提供你改寫自己劇本的機會，從你來到地球學校的那天起，一直到你離開為止。主動在地球學校註冊的目的，就是為了要利用這些機會，去創造一個人格，好讓這個人格自然而完整地表達靈魂的價值、感知和目標。而靈魂的目標就是和諧、合作、分享，以及對生命的敬重。

你無需擔心在這所學校會考試不及格。這裡沒有失敗，只有不斷來到的選擇，而這些選擇為我們提供不同的學習方式。運用那些來到你面前的機會，透過愛與信任來學習，這樣是最令人感到滿足，而且也是最簡單的方式；透過恐懼和疑惑來學習，則是最困難的方式，不但耗時，而且讓人感到痛苦。某些人有時透過恐懼和疑惑，有時則透過愛和信任來學習，最終他們會看到這兩種學習方法的區別，會開始選擇更常透過愛和信任來學習。

如果你不去意識自己的感受，將無法看到這個區別。你將繼續恐懼和疑惑，身體也會繼續體驗痛苦的感覺，比如焦慮、憤怒、仇恨、嫉妒、自我憎恨和不信任。當這些體驗出現時，就表示你選擇了以困難的方式去學習。其實，你要學習的是和諧、合作、分享和對生命的敬重。當你不為這些美好而努力時，就選擇只是去體驗生活扔到你面前的一切。

因分神而錯失此刻時，你並不知道自己是在逃避痛苦的情緒。你可能突然有興趣讀一封昨天收到的信，而不是去完成你為自己設定的任務。你可能會去清洗廁所，在這半個小時的過程中完全忘掉自己。你可能會去商店買一樣東西，卻在裡面晃了二十分鐘後，才想起來自己該面對的事情。

練習：你是如何分神的？

每天晚上花五分鐘去回憶你的一天，想想什麼時候是分心的。回憶自己在分心之前、之中和之後的感受。

在每次這樣的體驗之下，都有一些你不願去靠近、甚至承認的痛苦情緒。分神只能將你從它們上面隔離一小段時間，然後這些情緒就會在你的生命中爆發出來，以憤怒、恐懼、不信任、嫉妒、自我懷疑，還有自我價值感缺失時會表達自己的方式。然而真正重要的事情，是你的靈性成長。宇宙總是為你提供幫助。**從此刻中分神，是逃避宇宙提供給你的幫助的一種方式**。它選擇停滯不前，而不是為了改變而努力。相較於面對你的憤怒、絕望以及無力感，打開電視看上一個小時，是一個更容易的選擇。

當你從情緒體驗中逃脫時，你的情緒並不會因此停止，你的能量系統還在繼續運作。即使你喪失對自己所做的事情的意識，它仍然在創造痛苦情緒，並且會一直持續下去。如果你養成了忽略此刻的分神習慣，那麼一定是因為它持續在創造痛苦情緒。如果此刻是極度喜悅的，你就根本不會恐懼和忘記它。這些痛苦情緒讓你變得衰老，並產生身體功能障礙，不管你是否想要體驗，它們最終都會在你的生活中爆發出來。當你關上電視，你會發現生活一直在等待著你。不管你打開電視多少次或看了多久電視都是如此。

有些人即使過完一生，也不曾意識到他們就是自己電影裡的主角。他們不了解將注意力轉向內的體驗，他們把注意力放在取悅他人、控制他人、吃東西、性、成就或者變得隱形之上。他們認為不斷的痛苦、悲傷和喜悅，就是情緒的完整體驗，他們不知道自己的能量系統，不知道它是怎樣運作的，甚至不知道它的存在。

對你內在動態的意識，也就是意識到能量是如何運作的，就是治療分神的良藥。它就是你一直渴望的踏實和具有養分的事物。它能夠治癒你不斷逃進幻想和無關行為的需要。你的能量系統自身就是完整的，它為了一個目的而存在：**你的能量系統是你個人的、即時的、永遠有空的私人靈性教師**，它會告訴你，你的能量系統在如何處理流經你的能量。

練習：你的靈性導師

每天開始時，花五分鐘的時間，對你的能量系統進行一次快速的掃描。注意你的私人靈性教師（你的能量系統）提供給你的訊息，在每日生活中練習傾聽靈性嚮導的聲音。

那份資訊就是你的情緒。每個情緒都在通知你，你的能量系統是如何處理能量的，這樣你就能選擇繼續這樣處理能量、或是改變。如果你繼續如此，那麼就又會製造出同樣的痛苦情緒。分神延遲了你去發現生活中不健康事物的時間，但是卻無法阻擋它們發生。那不過是企圖繞過一處根本無可迴避之處的無謂嘗試。

你所走上的旅程是指向完整的，所以為什麼要繞路呢？為什麼要延遲抵達一個比你現在所在之處更加令人感到滿足和喜悅之終點的時間呢？為什麼努力去獲得一個暫時性的偏航體驗，而忽略那個充滿永恆力量和美的體驗呢？

除非你能深入地思考這些問題，否則你將繼續在分神中錯失自己的生活。

厭倦

厭倦是一種逃離重要事情的習慣。就像工作狂和完美主義一般，它是一種將你的注意力從內在體驗中轉移開來的方式。工作狂和完美主義沉浸在外在環境中，透過將意識放在外在活動上，轉移對自己內在感受的注意力。他們總是想著一些事情，比如房屋的修繕、一個就要到期的事情，或是一個就要來臨的考試等。透過不停地把注意力放在一個接著一個的活動上，就這樣忽略了自己的能量系統。

厭倦則是無法找到一個夠有趣的活動或是環境，來轉移注意力。原本注意力的轉移可以讓你不再意識到自己的感受，然而當你向外尋找，卻仍然找不到足以吸引你注意力的任何事物時，你就會感到厭倦。這時候，若不把注意力放在你的情緒之上（對能量系統的運作變得有意識）就會變得厭倦。厭倦的體驗，也是一種對自身感受變得有意識的抗拒方式。這種方式其實是一種可能會產生好結果的體驗，因為只有在向外尋求轉移注意力的各種方法都已經失效時，你才會感覺到厭倦。

厭倦是一種針對工作狂和完美主義所做出的心理防衛機制。工作狂和完美主義者將自己沉浸在外在活動中，藉此逃避體驗他們經歷到的情緒。然而當有愈來愈多的事物需要完成、或整理得完美有序，而他們卻沒有能量繼續做下去時，到最後，這些活動就會讓人感到筋疲力盡，這就是枯竭。他們休假後又重新開始，一次又一次地反覆不停，直到有一天再也無以為繼。他們逃避那些難以忍耐、面對和承認的痛苦情緒之努力，終告失敗，然而這時他們往往不是向內去探索自己的情緒，而是變得厭倦。

厭倦，就是無法從外在找到滿足感，但又拒絕去檢視驅動著自己總是向外去尋找的原因究竟為何。所有嘗試轉移注意力的努力都失敗之後，對情緒體驗的深層抗拒就是厭倦。厭倦的根源，就是對痛苦情緒的抗拒，這也是工作狂和完美主義的根源。某些情況下，這個根源先製造出厭倦，再逃避到工作狂和完美主義裡面去。另一些情況下，工作狂和完美主義先發生，然後才是厭倦。

你並不是生來就要沉浸在各種活動之中的。你在地球上的目的，是為了發揮你靈魂的天賦，不管是以何種形式出現，這些天賦都是為了創造出和諧、合作、分享和對生命的敬重而存在的。你可能會照顧家人、開創企業、成為水電工或是求學，當你找到阻止靈魂表達它真正意願的部分、並把它治癒時，你的靈魂必然能創造出表達自己的方法。

靈魂的意圖是和諧、合作、分享以及對生命的敬重，而你內心位於靈魂意圖反面的那個部分，則是恐懼。恐懼創造了工作狂、完美主義以及厭倦。就像工作狂和完美主義一般，厭倦也是使你逃避發展出更高潛能的一種方式。當你開始探索自己的情緒，內在就會發生蛻變。厭倦就是你對這蛻變的恐懼，它是你對靈性成長的抗拒。

練習：我在逃避嗎？

將你的日常活動列成清單，比如：

- 吃飯
- 擔心
- 評判
- 照顧花園
- 運動

將這些活動逐一檢視，問自己：「如何透過這些活動，讓自己更能覺察情緒呢？」

當你進行這些活動時，記得停下來對你自己的能量系統做一個快速的掃描。

厭倦就是聽到更豐富的生活在召喚你，但是你卻害怕這召喚。完美主義、工作狂以及厭倦都是故意忽略此刻的方法。生活在此刻，需要你隨時意識到自己所有的感受，也就是意識到你的能量系統是如何運作的。完美主義和工作狂透過關注在外在活動和環境上來忽略此刻，厭倦則是透過拒絕環境來忽略此刻。

完美主義者和工作狂因為把自己沉浸在活動和環境中，而失去力量，他們無法對這些活動說不。感到厭倦的人則是透過拒絕在此刻、與外在環境待在一起，而失去了力量，他們沒有對這些說是的能力。他們會非常快速地推開自己所處的境遇，正如工作狂和完美主義者總是很快就認同自己所處的境遇一般。儘管如此，兩者的結果都是一樣的，那就是

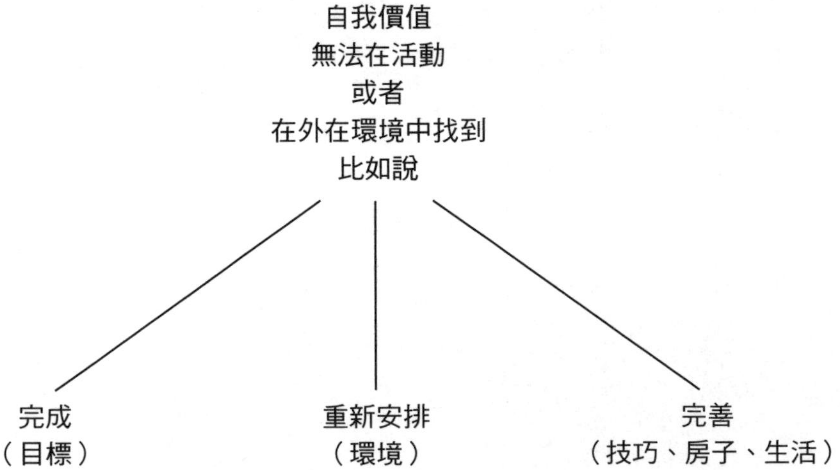
自我價值
無法在活動
或者
在外在環境中找到
比如說
完成
（目標）
重新安排
（環境）
完善
（技巧、房子、生活）

對痛苦情緒的逃避。

一個感到厭倦的人，並不珍惜自己的生活，因為他無法在活動和環境中找到認同感，所以感到迷失。厭倦就是從外在尋找意義失敗之後的疲憊，並且拒絕檢查失敗背後的意義。那層意義就是：無法在外在環境中找到自我價值。自我價值無法透過不停地練習來獲得，不斷改善高爾夫球揮杆動作或是完成某些目標，都無法創造出自我價值，因為總是會有更多的不完美和更多的目標出現。

工作狂努力工作，是因為他們認同自己的努力。完成一件事時，感覺沒有價值的痛苦，就被拋到意識以外很遠的地方了。但一旦停下來，那種痛苦馬上就回來了，這驅使他們不停地去完成什麼，至於他們到底完成了什麼，反而不重要。

完美主義者也一樣。這兩種人都有某種想要被滿足的需求，結果就是永無止境的活動。他們不向內在探索那無力感的痛苦，而是向外尋求，並不停地去改善、完成更多的事情。痛苦如此強烈，使得這兩種人都停不下來。

一個感到厭倦的人也無法看見自己的痛苦。他和工作成癮者或完美主義者一樣，都被環境控制了，不同之處只在於倦怠和遲鈍取代了活動。工作狂和完美主義者把自己的能量傾注於外在環境之中，而感到厭倦的人則將能量傾注於逃避環境。

真實力量就是將你的人格與你的靈魂對齊。為了達成這個目的，需要你去找出並改變與靈魂不一致的那部分人格。靈魂渴望的是和諧、合作、分享，以及對生命的敬重，人格中抵抗這意願的，就是憤怒、仇恨、嫉妒、憂鬱、強迫性衝動以及上癮的部分。

當這些部分愈強大時，一個人就會愈努力去創造完美或將自己埋首於工作當中，或是感到厭倦。這些逃避策略都有一個共同目標：逃避痛苦的情緒。努力完成更多、改善更多或是沉浸在厭倦的無力狀態中，就像一個癮君子再次使用毒品一樣。筋疲力盡之前，創造一個更加完美的結果，或是完成另一件工作，是完美主義者和工作狂給自己的毒品。當這些毒品不再奏效時，就產生了厭倦。厭倦是抵擋痛苦情緒的最後防線，而痛苦情緒則來自於你人格中，那些違背你靈魂意願的部分。

一個厭倦的人可能會找某些東西來重新點燃他的興趣，比如說一份新事業、或

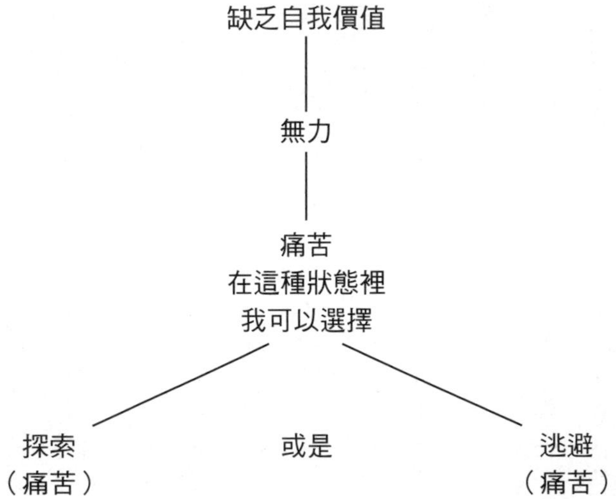

是一項新運動。但這不過是走向工作狂和完美主義的回頭路，到頭來興趣還是會消退，然後跟厭倦的鬥爭又會捲土重來。在對外界環境的關注與毫無興趣之間來來回回，根本就不是真正的改變。在這個過程中，注意力都是放在外在環境和活動之上，只是先表現出對它們的興趣，然後是排斥，然後又是興趣……。在這兩種情況下，都是將力量交給了外在的環境。

當一個人對更多的成就、或不斷的改善入迷時，他就失去了力量，受到外在環境的控制：一件工作到來，他就必須去完成。一個不完美之處出現，他就必須去更正。對另一個人感到厭倦時，相同的事情也會發生；你會評斷他不值得你注意，然後你的思想就跑到別的地方去了。你的眼神呆滯無神，變得沒有耐心、易怒或困乏，這些都是失去力量的表現。當你認為在一起的人不再值得你的注意時，這些情形就會發生。換句話說，和你在一起的人無法獲得你的尊敬時，你就會失去力量。

當你把在一起的人放到比自己高的位置上時，你也會失去力量。你認為他不可能會對你感興趣，你會收回你的感情，或是想盡方法給對方留下一個深刻的印象。自我評判時，你也在失去力量，這就像是當你覺得自己學不會微積分、照顧好花園或做好木工時，你的注意力就會渙散。厭倦是你加諸在自己身上的一種麻木，讓你退縮到一個殼裡面，也讓你因為對別人、自己和生活缺乏尊重，而失去與他們之間的連結。

練習：你感到厭倦嗎？

回想一下你上次跟一個你不想對話的人交談的時候，做了些什麼？

- 找藉口離開。
- 在那裡繼續假裝聽他說話。
- 將這個情境當作是個可以去感覺自己當時感受的機會。

回想某次去到一個你並不想去的地方的經驗，想一下你當時做了什麼？

- 變得不耐煩、責備、（對那些讓你去的人）生氣
- 盡快離開
- 利用那個情境去感覺你當時的感受

厭倦是尊重的反面。尊重就是欣賞每個人和每件事原本的樣子。尊重就是穿過表象的殼、看到實質。厭倦阻止你去欣賞人、情境和那些不斷提供你靈性成長的機會。厭倦阻止你體驗自己的能量系統，並阻止你去尊重別人、地球和你自己。

不過，厭倦也在邀請你對生命的力量、體驗的豐富性，以及宇宙的仁慈甦醒過來。

偶像崇拜

偶像崇拜就是去崇敬一個形象、向某個理想致敬，或者受到某一個理想的支配。被崇拜的形象是完美和強大的，它被置於日常事件和活動之上，代表一種常人無法獲得的能力。只要得到這個偶像的一點寵愛，崇拜者就能過著一個痛苦有所緩解的生活。對崇拜者來說，這個形象有很大的力量。

其實大多數人崇拜的偶像，並不是在神龕和基座之上，即使是那些在神和聖像前鞠躬敬拜的虔誠信徒也一樣。偶像並不是擺在神廟或放在花園裡，大多數的人日夜所崇拜的，其實是他們自己內在的一個形象，一個他們認為自己是、或應該是的形象。對很多人來說，那形象是一個理想的父親、一個理想的母親，或是一個理想的老師或朋友。有些人崇拜理想的戰士，還有人崇拜一個理想的學生。

偶像就是崇拜者認為自己必須扮演的角色。只有當自己的活動，可以達到他所崇拜的偶像的標準時，他才會認為自己的活動是有價值的。他努力想成為那個角色，這樣能帶給他滿足和自我價值感。如果他無法像那個角色，就會變得憂鬱，並覺得自己是一個失敗者。只有在他能生活得像那樣的角色時，他才能欣賞自己。

偶像崇拜會阻礙你直接而完整地生活。偶像崇拜在你和你的體驗之間，放置了一層螢幕。在那個螢幕上，你看到的，是一個你相信值得欽佩的自己。對環境所做出的反應，也被你想符合的那個形象所扭曲。你不是直接對事件做出反應，而是以你認為那個角色應該會有的方式去反應。

練習：你崇拜的偶像有哪些？

在生活中，你扮演了哪些讓自己無法跟人產生真正連結的角色？仔細看看你所扮演的所有角色，比如：

- 商人
- 妻子
- 父母
- 好人
- 運動員
- ……

花點時間看看每一個角色，想像自己在那個角色中的樣子。注意你的感受，在你的能量系統中有哪些身體感覺？有哪些思想伴隨這些感覺出現？（如果你的身體一開始什麼都沒有感覺到，也沒有關係，對自己有耐心一點。）

如果你的角色，也就是你所崇拜的偶像是一位戰士，那麼你對某件事情的反應，跟那些偶像是父親或朋友的人，就會有所不同。如果你的角色是母親，那麼對生活情境的反應，也會跟那些角色是學生的人不同。**偶像崇拜者會忽略自己的內在訊息，而根據他認為自己應該有的樣子而行動。那些內在訊息就是他的情緒。**

偶像崇拜者會認為忽略自己的感受是正當的。**如果某個情緒跟你所扮演的角色，也就是你所崇拜的偶像不一致時，你就會努力替換成自己認為應該感受到的情緒。**比如說，如果你扮演的角色是位理想的父親，你就不會讓自己感到脆弱。你對家庭的愛，會透過你為家人提供的東西來得到表達。對你來說，脆弱的情緒並不符合理想中的父親，或是一個供給者的形象，因此應該把情緒推到一邊去。扮演父親，就是你將情緒推到一邊去的方法。

然而比起你允許它表現出來的模樣，你的情感生活要來得更為複雜，也比你允許自己體驗到的痛苦更多。扮演著某個角色，也就是崇拜了一個偶像時，你將自己挪開了時時刻刻流過自己的、真正的豐富當中，而去認同一個你認為這個形象應該有的模樣。

如果你透過一個角色來創造自我價值，那麼你就是一個偶像崇拜者。你所崇拜的偶像，就是那個你認為自己必須成為的人，這樣才能安全、受人崇敬和有價值。偶像崇拜源於自我價值的缺失以及力量的缺失，卻不去深入探索那份無力感，而是假裝它不存在，認為只要遵照那些告訴你如何去思考、說話和行動的規則，就能建構出一個有力量、受人尊敬和愛戴的形象。

然而，遵從這些規則，只能帶來短暫的安全感和滿足感。在這之下的，是你的恐懼，

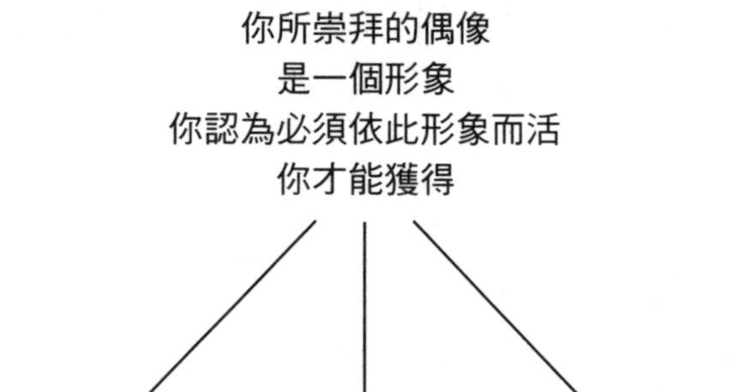
你所崇拜的偶像
是一個形象
你認為必須依此形象而活
你才能獲得
安全
尊敬
價值

恐懼自己無法達到那個角色（也就是你的偶像）的標準。偶像其實並不是關鍵所在，關鍵在於你選擇去崇拜一個偶像，藉此把注意力從自己的情緒中轉移開來。

有無數種方法可以創造和崇拜偶像，任一個讓你感覺更英俊、美麗、優雅、可愛、受人尊敬的形象，都是你的偶像。那是一個你覺得自己必須遵照些什麼，才能擁有某種感覺的形象。

在偶像崇拜之中，毫無力量可言。偶像崇拜源自於恐懼，並靠恐懼來維持，表達出來的也是恐懼。那是一條讓人遠離力量，而非帶人走向力量的道路。每個偶像，即使是那些看起來很勇敢的形象，都是由恐懼創造出來的。舉例來說，無畏俠[3]就是這樣的一個角色，他跟所有其他的偶像一樣，使崇拜者無法去體驗痛苦的情緒。

3 譯註：美國漫畫中的一位英雄人物。

練習：為什麼要崇拜偶像？

想著自己所扮演的一個角色，並問自己以下問題：

「我為什麼創造出這個角色？」

「我創造這個角色是為了變得……」

- 美麗
- 英俊
- 可愛
- 受人尊敬
- 被人欣賞

「我創造這個角色是為了變得……」

- 感覺更有價值
- 感覺不那麼脆弱
- 掩蓋我的恐懼

接著想想你所扮演的其他角色，並重複同樣的問題。一次針對一個角色，並給你自己足夠的時間去探索這些問題。

無畏俠是一個去創造恐懼、將其克服的人，但在這樣的過程中，他卻逃避了真正令自己感到驚懼的東西。在克服自己所創造的恐懼的過程之中，他為自己描繪出一個感覺上受人崇敬的形象。在面對他選擇面對的恐懼時，他表現出來的勇氣，只是滿足了理想中勇敢、陽剛的形象。在這個過程中，抒發了勇氣，達成了目標，然而這一切都從真正恐懼的地方，把他的注意力轉移開了。

我被編入美國陸軍時，把自己看做是一個掌握國家命運的戰士，也是世界上令人敬佩、不容被輕視的力量之一。我賦予自己殘忍、男性化的形象，雖然當時其實可以免於上戰場，我卻申請加入步兵。我上戰場的動力，並不是出自國家的愛，雖然這個形象也是我喜歡的，但我真正的動力是要證明自己是值得被尊重的。那時的我，還無法說出我想要被愛。

對我來說，所做的一切都像是大銀幕上的一個形象，我入迷且帶著敬意地看著自己所扮演的這個英雄角色。我以為劇院裡的其他人對我的感覺也和自己一樣。直到很久之後，我才意識到，只有我一個人在看那部電影。在那部電影中，我跳下飛機、主動申請參與最高機密的任務、攜帶特殊武器，並擁有做這些事情的特權。我成為一名傘兵，然後是一名軍官，接著是一名特種部隊的軍官，這讓我覺得自己是菁英中的菁英。

我當時並沒有去看在我之外的世界，是如何看待我的勇氣。當時的我覺得這樣的生活能激勵人心，並使我成為了男人嫉妒、女人崇拜，以及所有人都尊重的一個人。當時到處都有反對越戰的聲音，但這並未影響我對自己的評價，我覺得自己令人尊敬，忽略那些聲音，只與那些跟我做著同樣事情的人為伍。

當時，我以一種迂迴的方式尋求愛。我總是在別人拒絕我之前，先自我證明，並在自己面前豎起一面屏障以防禦別人。不管別人接受我與否，我總是對自己說，我是值得被接受的。當時我並沒有能力去感覺自己的脆弱。事實上，正是脆弱驅使我去做這一切，包括報名從軍。我急於表現自己不脆弱，努力讓自己變得完美。在那個過程中，我阻擋了讓任何真誠關係發生的可能性。

那個時候，我只能跟其他同樣在自己電影中扮演這種角色的人建立關係，也就是那些扮演著很勇敢、受人尊敬和英雄角色的人。幾十年後回首過往，我想當時所有的戰友都是恐懼的。其實，恐懼是人類體驗的一部分，每一次靈性成長都需要找到恐懼的來源，並將它們連根拔除。

當時我太害怕承認自己的恐懼，所以透過做一些事，來向別人和自己展現我的勇氣。我認為被人槍擊時開槍還擊，是最需要勇氣的事情了，然而，那時候的我並沒有勇氣去看到自己的內在對於嘗試和失敗、無歸屬感、向人求助和被拒絕的恐懼。

因此，我所有的關係都是淺陋、利益交換式的。我把自己看成是受人尊敬的，也期待他人如此看我。的確有很多人這樣看我，但是我跟他們之間的關係就像是一個演員和影迷般膚淺。只要他們為我歡呼，或是我認為他們在這麼做，我就覺得自己的形象受到肯定。如果他們不這麼做，我就會去尋找其他會這麼做的人。

這就是無畏俠的生活方式。他對自己的情緒充滿了恐懼，所以努力去創造出一個沒有情緒的世界，在那裡只有他對自己的持續崇拜。他對別人和自己而言，都是一個偶像，被拒絕的恐懼、價值感的缺失或脆弱等情緒，都不符合他賦予自己的形象，因此，他無法讓這些情緒進入自己的意識當中。他會不斷地完成更艱難、或更危險的任務，只是為了繼續證明他是值得被愛的。

每一個偶像崇拜者的思想和言行，都可以用這種生活模式來描述，不管這位被崇拜的偶像是商人、藝人、運動員、富人、窮人、有教養的人、農民、好人或是任何一個可以被用來創造自我價值感的角色。**一個偶像崇拜者沒有勇氣敞開自己去愛，所以會將崇拜錯認為愛**，崇拜因此成為偶像崇拜者最高的希望。事實上，這會成為他所有行為和思想的目標，會把別人對他非個人化的偶像崇拜，當成真實的關愛和支持。

練習：我扮演的角色是什麼？

想一想你扮演的每個角色，然後將自己放在那個角色之中。這麼做時，請掃描你的能量系統，看看身體有哪些感覺，尤其是那些你從未注意過的感覺。

問自己：

「我所扮演的角色，是否帶給我滿足和自我價值感？」

「撇開角色不論，我是不是真正地欣賞我自己？」

「當我不扮演那個角色時，我的感覺如何？」

「我是不是常常將注意力從情緒中轉移開，以滿足我所扮演的角色之需要？」

無畏俠把自己看成一個令人崇拜的勇者，但事實上他沒有勇氣面對自己的感受。他意識不到自己缺乏這種勇氣，而這種勇氣的缺乏，背後意味著對不足、無價值感和被拒絕的恐懼。為了得到接受和重視，他把這些情緒推到一邊，努力去做那些他心目中令人崇拜的事。他愈是逃避這些情緒，想被接受和重視的需要就愈強烈，於是他會創造出更多的危險和看起來令人崇拜的挑戰，來戰勝自己的情緒。

不管他有多麼成功，都無法感受到自己所渴望的寬慰。不管他有多麼受到崇拜，或是他認為自己有多麼受到崇拜，都無法輕鬆下來享受自己的生活。他永遠在警惕之中，永遠在角色扮演裡，並且極其害怕被人發現。這就是每個偶像崇拜者的體驗。

偶像崇拜者沒有勇氣去關心別人，因為他們害怕遭到拒絕。基於同樣的原因，他們也無法袒露內心的痛苦和最深處的感受。對於拒絕的害怕，阻擋了他們跟所有人之間的連結，他們將自己封閉在幻想的肥皂泡裡，其他人只能透過這些幻想跟他們產生連結，而無法與他們直接產生連結。

每個偶像崇拜者，包括無畏俠在內，都是孤獨的、並害怕柔軟敞開伸出雙臂的人。他太害怕親密所帶來的互動，因此不敢去嘗試。他的幻想在真實而長期的親密關係中無法持續，因為他的伴侶並無法永遠都支持或贊同他對自己的意見。他所吸引的伴侶，必須認同他賦予自己的形象，所以被他吸引的人，無法跟他產生真正的連繫，也就是做為一個脆弱的人之間的連繫。這就像是他跟自己的關係一樣。

無畏俠面對的挑戰愈艱難，就愈害怕自己無法繼續獲得別人的崇拜和讚賞。他會尋找更多的挑戰去完成，而每一次的挑戰，都讓他更加遠離他想從別人身上得到的、真正的關懷和欣賞。除了自己所創造的那個形象之外，他沒有其他內在價值感，所以只能不斷去維持那個形象。不管過去已經成就了多少，他總是必須完成得更多。不管過去他證明自己多少次，都必須以更戲劇化、更具說服力以及更無爭議的方式，不斷去證明自己。

這就進入了一個無法勝利的競賽，因為他想填滿的，是一個有漏洞的容器。即使不間斷地往那裡傾倒更多的東西，它也不會滿。那個有漏洞的容器就是他的自我形象，這個形象完全建立在別人的評價之上，所以他永遠都無法在這條向別人證明自己的路上停下來休息。同時，他也沒有意識到，他真正想要取悅的人，其實就是他自己。

這就是無畏俠在每樁危險和冒險活動中忽略掉的關鍵部分。那是個無底的黑洞，不管有多少人崇拜他，想證明自己的需要都會持續下去，一直到他能崇拜自己為止。那種害怕被拒絕的恐懼，有一個真實的基礎，那就是他一直在拒絕自己。他尋找自己所希冀的珍寶，也就是他的自我價值，但是卻無法停止地一直在錯誤的地方尋找。

不管那個被崇拜的偶像（也就是那個提供價值和安全感的角色）是無畏俠，還是一位母親、教師、電影明星、刻苦工作者或是無憂無慮的人，受崇拜者總是企圖透過自己的行為來操縱他人。這是對外在力量的追求。他走在通往絕望的單行道上，總是審判自己，而且這種審判都很無情。正因為他是法官，所以他認為其他人也一樣，因此他很少真正地讚賞自己。這種審判終究會令他感到疲憊，但又停不下來，因為他覺得代價太大。

這根本就不是情緒的覺察。無畏俠總是持續地創造出恐懼，來超越自己的情緒，但這是因為他無法面對自己內在更深處的恐懼，因此這份恐懼總是驅使他，去尋找更多的挑戰，以獲得自己受人崇拜的感覺。他就像在推一座磨，愈推愈快，但其實一直都待在原地不動。所有的偶像崇拜者都是如此。

無畏俠的角色，把人囚禁在自我建構的盔甲的幻象之中。母親的角色把人囚禁在一個自我建構的閃亮或殉道者的幻象之中。教師的角色把人囚禁於一個自我建構的、知道教導什麼的幻象之中。而商人的角色，則把人囚禁於一個競爭的幻象之中。每個偶像崇拜者（也就是角色扮演者）都無法跟自己或別人誠實地建立關係，別人也無從跟他建立真誠的關係。人們只能透過他的形象來跟他建立關係，反之亦然。他的形象，就是他向外展現的自己，然而那並不是他的全部，那個形象無法觸及他的深層內在，也無法體現他的豐富。

那個形象將他隔絕在喜悅和悲傷之外，這兩種情緒都讓他感到害怕。他被包裹在自己創造的角色之繭當中，無法蛻變。他很害怕改變，而情緒覺察總是帶來改變。相同的情緒會一再出現，直到引起關注為止，這就是情緒的功能。注意力沒有放在這些情緒上時，意識就不會發生改變。情緒就是攜帶資訊的信使，而靈性成長正有賴於此。

偶像崇拜者是一個完全忽略自己情緒的人，因而一直停滯不前。一個二十歲的無畏俠對世界的感知、價值觀和行動，跟一個五十歲的無畏俠相比，沒有什麼不同，因為在這段期間裡，他並沒有獲得任何靈性的成長，心理和情緒也沒有變得更加成熟。與此同時，實質和深度的關係也未曾發生。只一直保持著一個光輝的自我假象，與之相連的還有這個形象的另一極端，也就是內在的孤獨、空虛，還有恐懼的生活。

這個光輝的假象（善良、天真、機靈或無懼）維持得愈久，看到這假象所創造出來的後果，就會對他造成更大的打擊。在這種生活中，只有一種來自別人、且受到操縱的崇拜。這種情況會持續下去，直到有一天，無價值感的淺陋生活所帶來的痛苦變得難以忍受，然後那種空虛、痛苦、自我價值的缺乏和孤獨感，就會像潮水一般湧入意識。

當然，這只是一個極端的例子。這個例子，是一個從年青直到年老都拒絕承認自己情緒的人。在這個過程中，他一直都在拒絕生活所提供的豐富。那個幻象，不管是一種光榮、善良、機靈或任何其他的特質，都是非常頑固的。它會不斷地維持，直到維持的痛苦變得太難以承受，才能被一個真正輝煌的生活所取代。你努力忽略的痛苦在經年累月、甚至累世之後，終於無法再忽略了。那就是你改變的時候。

在真正輝煌的生活中，你身邊會圍繞著許多敞開心門的同伴，這會讓你的生活無時無刻充滿著喜悅，並持續處於感恩之中。一個擁有輝煌生活的人，珍視在地球上的每一刻，也毫無保留和限度地為每個靈魂慶賀。**輝煌的生活需要你勇敢面對一項最大的挑戰，也就是面對無力感、不被愛和不值得被愛的痛苦，並且願意去改變。**

所有的偶像崇拜者，即使是無畏俠，也都沒有勇氣這麼做。

虛假的樂觀主義

對生命的每一天充滿感恩和期待，是很正常的事。然而，一個虛假的樂觀主義者，並不會對生命的每一天感到感恩和期待，他很害怕自己的情緒，生活不是他想要的樣子，然而他卻不願意承認自己創造了一些破壞性的後果，因此他的痛苦是真實的。他生活在幻想之中，在幻想裡，一切都是最好的。這代表他隱約認為能完成自己想要實現的目標，而最大的恐懼，就是這個目標永遠都無法實現。

虛假的樂觀主義，就是在生活中一次又一次地上演「吃不到的葡萄是酸的」的故事。一隻狐狸看到一串串成熟的紅葡萄懸掛枝頭，但是不管牠跳得多高都搆不到葡萄。最後，牠筋疲力盡了，便對自己說：「反正那些葡萄是酸的」。就像這隻狐狸一樣，一個虛假的樂觀主義者無法面對想要吃葡萄、但是搆不到的痛苦，不願意去承認葡萄就像看起來那麼好吃，只是牠搆不到。

虛假的樂觀主義者無法得到自己想要的東西時，他就說服自己根本不想要它。但是事實是相反的，他很想要卻得不到。這對他來說是一個痛苦的體驗，他可能認為自己無牽無掛，但其實並非如此。他的掛念對他來說，和別人的掛念有著同樣的重量，唯一的區別在於他不願承認內心深處的這種感受。他寧可假裝自己沒有失望，而不敢去感受自己的失望。**一個虛假的樂觀主義者，用樂觀來阻擋痛苦的情緒。**

無法達成的期望、失去的痛苦、對失敗的恐懼，以及對被拒絕的恐懼，都被這種偽裝所掩蓋著。它虛假而不可穿透，因為他不想去面對自己真實的處境。他假裝那種痛苦並不艱難。他把自己看成是一個受害者，被無法控制的力量所擺布，卻不讓自己去感受做為一個受害者的痛苦。他將那些強烈的悲傷、絕望、憤怒、恐懼、嫉妒和仇恨的情緒都推到一旁，只向別人和自己展示快樂接受結果的假象。

到最後，他所感受的痛苦和所投射出來的形象之間，兩者的差異愈來愈大，他再也無法維持那個假象，也無法再迴避自己生活的淺陋。這個時候，無法忽略的巨大絕望出現了，一場療癒的危機也就此開始。

虛假的樂觀主義者把自己的情緒阻隔在「所有一切都是最好的」這個假設的屏障後面。這個假設沒有錯，但是當他用這個假設來阻擋自己的情緒時，就會產生危機。他不去體驗並探索自己的情緒，也不從中獲得學習，而是恐懼和逃避它們，因此情緒所能提供的資訊也遭到忽略。到最後，被忽略的情緒就會以一種再也無法忽略的強度，來到他的面前。

在那一天來臨前，他都不會把注意力放在自己能量系統的學習上。不管是否意識到，這個能量系統一直都在運作。能量系統對環境的反應創造了情緒（也就是身體的感覺，以及這些情緒相伴而來的念頭），然而一個虛假的樂觀主義者會忽略這一切。

他愈是拒絕自己的情緒，這些情緒就變得愈強烈。一切都是最好的，但是一個虛假的樂觀主義者並不真正明白這一點。「一切都是最好的」是他的防禦機制，而非他的現實。那是他用來抵抗自己情緒的一面牆，因為他並未透過它來接受和欣賞自己的情緒。

這面牆的背後，是一個沒有同伴的單調世界。虛假的樂觀主義者，也無法創造出有意義與深度的關係。這面牆的外面被粉刷得光鮮亮麗，但它的背面卻沒那麼吸引人，而是覆蓋著碎玻璃，那些碎玻璃就是破碎的夢想、未實現的抱負，以及從未得到體驗與表達的、令人痛苦的渴望。

虛假的樂觀，和意識到宇宙的慈悲和智慧所產生的樂觀，是不一樣的。後者如一株春天的植物般生長，總是向下扎根，並得到力量。植物開花時，「一切都是最好的」就不再只是一句格言，而是一份事實的描述。這種樂觀的產生，需要你對情緒懷有意識。

情緒讓你扎根於自己的靈魂，它會告訴你靈魂所知的一切。它們是你跟自身靈魂間的連繫。缺乏情緒的覺察，你就只能漂流在體驗的海洋中。你可以將情緒看做是一個為你特製、二十四小時播放的新聞節目。它的資訊總是正確、合適並即時。憤怒、恐懼、嫉妒、絕望、仇恨和其他痛苦的情緒，一直在告訴你該注意什麼。如果不做出回應，它們就會一直呼叫你。

你可以假裝一切都很美好，但是如果你害怕恐懼、憤怒、嫉妒和仇恨，你就並不相信它。將情緒當做你的教師來歡迎時，每個情緒都會帶來好消息，即使痛苦的情緒也是如此。它們會告訴你，你的能量是不是用恐懼和疑惑的方式離開你的能量系統的，這樣就能帶來改變的機會。接收這個資訊的時候雖然令人痛苦，但是沒了它，你就無法改變。

當能量以恐懼和疑惑的方式離開你的能量系統時，只能帶來痛苦；當能量以愛和信任的方式離開時，則會創造健康和感恩，並讓你感覺到一種狂喜。只有意識到自己的情緒時，你才能夠對這些體驗做出比較。能量以愛和信任的方式離開時產生狂喜，能量以恐懼和疑惑的方式離開時則會產生痛苦，當你決定用狂喜代替痛苦時，你的治療就開始了。

虛假的樂觀是一個眼罩。它阻止你看到自己不想看到的東西，卻無法讓你不被你沒看到的東西絆倒。你會撞牆、跌進深溝裡，只有取下眼罩，才能阻止這些事情的發生。戴上眼罩只是對痛苦的暫時逃避，取下它，你就開始了永久性的改變，改變那些造成你痛苦情緒的事物。

練習：你真的有那麼快樂嗎？

人們會不會對你說：

「你為什麼總是這麼快樂？」或是「我很羨慕你總是這麼快樂。」

你是否感覺到不管在什麼情況下，都需要保持好的態度？

你是否覺得這一章說的就是你，或對它有強烈的反感？

如果你對這些問題的回答都是肯定的，那麼這裡有一個練習：回想一個最近的狀況：你得不到想要的，卻對自己或別人說「這是最好的」，然而在內心深處，你知道自己的感覺並非如此。

讓自己再次回到那個情境中去自我感覺。停下來，對你的能量系統進行一次掃描，給自己一些時間去感覺。如果這次沒有感覺到任何東西，那麼下一次，當你得不到你真正想要的東西時，再去掃描一下你的能量系統。這東西可能是一位朋友的愛、一個陌生人的回應或一次加薪。

重複這個練習。這個練習做得愈多，你對自己的瞭解就會愈深。

特權感

特權感，就是相信你有權得到任何想要的東西，而根本不管別人的願望是如何的。它讓你有一種感覺，認為自己不受限於那些會限制別人的規則。你認為自己是在別人之上，他們的活動在你眼中顯得無聊而不值得注意。

特權感就是從根本上覺得自己高人一等。別人若不這樣看待你，你就感覺不受欣賞。你的資格感並非建立在能力與天分上，而是你覺得自己就是有資格得到想要的，即使你不想為了得到它，而去做必須的事，或是尚未發展出獲得它的相應能力。

在特權感的表象下，掩蓋了一個完全不同的真相，然而一個追求特權感的人無法覺察這個真相。只要他還覺得自己有資格，就無法意識到它。特權感是一個人戴著的面具，這樣別人就認不出他來，然而這面具也讓他認不出自己。他沒有意識到自己戴了一張面具，也沒意識到自己在隱藏什麼。這張面具將他跟自己的恐懼隔離開來，他成了這張面具，這張面具控制了他的感知、思想和行動。

這張面具被他用來逃避更深的內在狀態，也就是無價值感。他覺得自己不值得擁有現在的生活，被拒絕會讓他感到恐懼。他極度需要被人接受，因此他認為自己有特權是一種防禦，但是他並不知道這一點。他害怕人、害怕失敗，也害怕自己的生活。但他不是去體驗這些恐懼，而是去逃避它們，好讓自己感覺有資格要求特權。

特權感是一種拒絕。拒絕並非不承認自己所知道的，而是根本不去看。意識不到什麼對你來說才是重要的，而在你能夠認識到自己所抗拒的東西之前，無法從中解脫。如果你抗拒一個恐懼，就無法在體驗它之前從中解脫出來，就會創造出痛苦的結果，然後又對這個結果感到吃驚。比如說，特權感阻止了親密感，缺乏親密感會創造出孤立，而孤立又創造出不被欣賞的體驗。如果你不去療癒自己對於特權感的需要，也就無法療癒不被欣賞的痛苦。它們是一體兩面。

一個有特權感的人，覺得自己跟普通人不一樣，不覺得有其他可能的方式，也無法想像別人不這麼覺得。感覺自己有特權，就像是飛上雲端不想下來，相信整個天空都是屬於你一個人的，別的飛行者出現時，你不想看到他們。

你認為自己的地位比所有人和事都高，你俯視著他們。你喜歡高高在上，因此根本看不到他們。你自覺是個國王或女王，並不喜歡別人的陪伴，除非他們想要的跟你的是一致的。你想要自己一個人占據整座山頭、整片草地、整條路或是整片海洋。

特權感的背後，隱藏的是對於嘲弄和拒絕的恐懼。特權感和貧乏是成正比的，貧乏感增加時，對特權感的需求也就增加了。特權感很強烈時，跟他人之間就不可能發生有意義的互動，也不會有授受關係，因為你對於聆聽或真實分享都不感興趣。

在這種幻象中，分歧完全不重要，因為你根本就不重視別人的意見，在別人拒絕你之前，你就已經拒絕了他們。你把自己孤立的痛苦解釋成一種孤立的特權。特權感就是覺得自己有權把意願強加在別人身上，且認為這種權利是不可質疑的。這種高貴的孤立是空洞的，是沒有其他飛行者的天空，是在一座沒有其他登山者的山上，是一種缺乏親密感的生活。

特權感讓你擺出一副不會受傷害的樣子，使得求助和接受幫助都變得不可能。它讓你感覺，除了跟自己平起平坐的人之外，沒有人能夠幫助自己，然而又找不到可以跟你平起平坐的人。特權感是宣判自己被關在一個單獨囚禁的監獄裡，你在那裡獨自受苦，而別人沒有權利進來。你的痛苦超越了別人的理解，他們沒有能力提供你需要的，你害怕他們會把你看得沒有價值，就像你看待他們的樣子一樣。

你愈是害怕，愈感覺自己有特權。特權就像一個小孩在黑暗中抱著的絨毛玩具，房間愈黑暗，這玩具對這孩子來說就愈重要。只有打開燈，才能去除這個孩子的恐懼，而只有去除這個孩子的恐懼，才能夠讓這孩子不再需要這個玩具。這個玩具就是你的特權感，承認自己的恐懼，就是打開燈的第一步。

練習：探索特權感

當你閱讀這一章時，

1. 你看到了自己嗎？
2. 你是否情緒強烈地說：「這不是我」？
3. 你覺得這是你所認識某人的行為模式嗎？

如果對前兩個問題的回答是肯定的：

那麼去感覺一下你的恐懼。對身體進行快速的掃描。溫柔地對待自己，慢慢敞開心門去看到這個恐懼。每一次你感覺自己有特權感時，就重複這個練習。

如果對第三個問題的回答是肯定的：

去感覺一下你認識的那個人是否恐懼，否則他不會這樣。

你真正應當獲得的是慈悲和智慧。你應當獲得一種充滿創造性、意識和自由的生活。你應當擁有一些彼此用心對待的同伴。你應當獲得喜悅，不過並不是在孤立之中，而是在與他人的共同創造中獲得。你也應當在與他人合作的狀況下去創造。

這些體驗會自然來到，就像冬天會下雪，草在春天變綠一般。特權感透過你的恐懼，把對你最高潛能的感知過濾掉。特權感是對恐懼的暫時防禦，恐懼宇宙不夠大、不夠豐盛、不夠公平、不夠仁慈，無法滿足你的需要。但宇宙是這樣的，它能滿足你靈魂的每一刻需要。

當你人格的意願跟靈魂的需要一致時，也會總是感到滿足。將人格跟你的靈魂對齊，這個權利就永遠不會從你手中被奪走了。

酒精與藥物成癮

酒精和藥物上癮只是症狀，這些症狀的起因則是更深層的問題，想根除這些症狀，就必須先處理這些更深層的問題。如果只去處理這些症狀而不去管起因，那麼它將再次出現。只要起因未曾改變，它就會一直重複出現。酒精和藥物上癮，是由強烈的情緒痛苦而導致的。

對酒精和藥物較小程度的依賴，起因也是一樣的。上癮、長期使用和間歇使用之間，只是程度上的差異，它是同一個起因不同的展現方式。有些人偶爾使用酒精或藥物，用來掩蓋那些難以面對的不適感，因為這樣對於壓力、社交不安、不足感、被評判的恐懼、被拒絕或是被羞辱的恐懼，都有顯著的效用。當這些痛苦的體驗益發頻繁地發生，對酒精和藥物的依賴也就愈重。

一旦這些痛苦的體驗持續發生，它們的起因又沒有得到治療，那麼就有可能持續產生對酒精和藥物的依賴。這些依賴跟生理遺傳、環境和文化影響可能有關、也可能無關，不過它們的起因永遠都源自於情緒的痛苦。

情緒痛苦也有其起因。找出並治癒情緒痛苦的起因，正是靈性成長的核心，這就是每個在地球學校學習的人生來該做的事。人格之中尚未與靈魂調整到一致的部分，就是情緒痛苦的起因，這些部分會抗拒靈魂的意願，也就是和諧、合作、分享，以及對生命的敬重。這些部分有自己的排程、價值、感知和方式，這一切都會製造出痛苦的結果和情緒。

每份痛苦的情緒，都指向一個與更高的靈魂感知不一致的人格部分。每次傷心、絕望、仇恨、嫉妒、憤怒和恐懼的經驗，都是某些人格部分的指標。這些人格部分在缺乏信任的狀況下變得憔悴無力，找出並治癒它，就能創造出一個完整、喜悅、有意識且負責的人格。這就是真實力量的體驗。

當你從痛苦情緒中移開注意力，就阻止了一個應當完成的過程。每份痛苦情緒都是一扇門，通向你生來就要前往之處，當你掩蓋、模糊或麻痺一份情緒時，也就轉身遠離這扇門了，門後那個應當完成的目標就此無法實現，也無法發現、質疑或改變那折磨你的情緒根源。

酒精和藥物成癮的下方，隱藏著一層又一層的痛苦情緒，上癮只是最外面的一層。它們遮蓋著痛苦的情緒，這些痛苦的情緒又遮蓋著更強烈的痛苦情緒。想永久治癒某種成癮，就是永久治癒某些受到羞辱和恐懼包圍的人格部分。對某種成癮的治癒，包括酒精和藥物成癮，需要你向內探索自己最大的缺陷。每個感到痛苦的時刻，都是一個起點，能開始這趟探索旅程。這些起點就是來自宇宙的禮物，以及來自你靈魂的資訊，它們告訴你內在探索的必要性，並且最好是現在就開始。

練習：下一扇門

想像自己在一個要去決定喝不喝酒或使用藥物的場合裡，告訴自己：「我要繼續做我平常做的事，還是不去喝這杯酒、用這次藥，而去看看這扇門後到底有什麼？」在你思考這個問題的同時，也感覺一下自己的能量系統：你有什麼樣的身體感覺？這些感覺在你身體的什麼部位？

經常做這個練習。然後在你真正想喝酒或用藥的時候，再去進行實際的練習。

「當時我常常生氣。」一個朋友在給我和琳達的信中寫道：「我曾經有酒精和藥物上癮的問題，十七年來，我一直參加互助性的戒酒組織，所以還能保持清醒。但是六年前我突然徹底崩潰了，我變得憂鬱，發胖很多。我不知道該怎麼辦。」

「那時我參加了一場冥想靜修聚會。到了那裡，我才知道那是一場禁止言語的靜修聚會，參與者甚至被要求不去看任何人。當時我覺得這太奇怪了，因為這跟我過的生活是如此的不同。」

「在那場靜修會的某次午餐時間，我端著食物托盤，想找個地方坐下。不過因為我變胖太多，所以餐廳裡的長凳上幾乎沒有什麼位置可以容得下我。當時我不能說話或是看別人、示意別人挪開，於是我就輕輕拍了拍一位女士的肩膀。她往旁邊挪了一些位置出來給我，但是因為我太胖了，還是沒辦法擠進那個讓出的空間。此時我意識到，如果想要坐下來吃東西，就必須再去輕拍那個女士。當我準備再次去拍她時，突然有一股熱流從我體內湧起，我連忙走進廚房，斜倚在櫃檯邊，淚如雨下。」

「那一刻，我意識到當時流過我內心的感覺就是羞辱。我為自己的體態、為自己變得那麼胖感到羞辱。此時我才第一次感受到自己更深處的情緒，並意識到自己這一生都在掩蓋這種羞辱感。」

「我意識到自己一直在努力做一切我可以做的事情，就是為了讓自己不去感受它。我的一生都在麻痹自己。當時，我感覺到一種想要逃跑的衝動，但是無論去到哪裡，我也無法逃開自己啊。那一整天的時間，我感覺到自己每一刻的感受，不再透過生氣來轉移注意力，以掩蓋自己更深的感受，我也不再透過吃東西等其他方式來自我麻痺。平時，我總是不停地做事或是想其他事情，好讓自己不用去感受，我用憤怒來把羞辱推到一旁去。現在我可以自由地去感覺自己所有的情緒，這讓我感覺輕鬆多了。跟人們談話的時候，我可以告訴他們，像我這樣一個曾經酗酒和有藥癮的人，是如何完成這趟旅途的。」

酒精遮蓋了憤怒，而憤怒遮蓋的是羞辱。在這個模式下，酒精和藥物將痛苦的情緒體驗暫時覆蓋住了。這就像一場由覆蓋在森林地面上的松針散布開的森林大火，雖然森林掩蓋住下面的情況，大火卻在底層蔓延開來。情緒痛苦的根源也同樣無法輕易地治癒，這種痛苦也在生活的表面下蔓延，只在某些突如其來的時候，大火才會冒出來。在底層的火苗被發現、完全暴露並被完全撲滅之前，它都會持續燃燒。而這個過程需要我們的努力，還有勇氣與投入。酒精和藥物可以將冒上來的火苗暫時撲滅，但那底層的火仍不停在燃燒，並可能再次起火。不管多少劑量的酒精和藥物，都無法撲滅底層的火苗，而它們才是大火的源頭。

十七年的清醒也無法撲滅底層的火苗，它突然冒出來，並且燒出憂鬱和肥胖。只有撲滅底層的火苗，才能停止這整個過程。情緒覺察就是暴露出底層火苗的工作，憂鬱和肥胖下方是酒精成癮，酒精成癮下方是憤怒，憤怒的下方是羞愧，而羞愧就是我們這位朋友一直在對抗的火苗。透過戒酒團體，她撲滅了第一層酒精成癮的火焰，她也可能再以節食和抗憂鬱劑來撲滅第二層火焰，但是當她發現最底層的火苗，就是她一生都在掩蓋的羞辱感時，她就將侵擾她生活的所有火焰全都撲滅了。這些火焰包括憤怒、憂鬱、對酒精的上癮，以及對食物的上癮。

只有你能夠根除自己痛苦情緒的根源。你的痛苦情緒是來自靈魂的呼喚，它們會不斷創造更多的痛苦和上癮。當你用酒精和藥物來暫時忘卻這些呼喚時，可以讓你忽略一個小時、一天、一個月，甚至一輩子，但是它們無法阻擋這些呼喚。

過度飲食

宇宙一直在滋養著你。若不對這些養分敞開自己，你就會想要靠自己提供養分，這時候，食物就變得特別誘人。然而，你無法提供自己所渴望的養分，所以進食變成永無止盡的過程。**你追求的其實並不是卡路里，而是能讓靈魂接觸宇宙，那**才是能夠真正滿足、完整、滋養並支持你的領域，也是無論多少巧克力、薯片、調味醬，或義大利麵和乳酪都無法取代的。

就像吸不進過量的空氣，你也無法從宇宙中接收過多的營養。沒有足夠的空氣時，你會用力吸氣。缺乏來自靈魂和宇宙的養分時，你會尋找替代品。食物就是你的替代品，你會暴飲暴食。

暴飲暴食並不一定是化學失衡的表現，雖然可能會導致化學失衡。它是一個更基本、需求失衡的現象，發現這個需求之前，會一直出現強迫性的飢餓感，提醒你還有內在的工作要去完成。

節食和鍛鍊，無法觸及食物成癮症狀的根基。吃適當份量的健康食品和鍛鍊，是身體健康的前提，但是疾病卻是更深的內在動態所造成的症狀。這些更深的動態，跟你在地球上生活的目的，以及你是否正在完成它們，有著直接的關係。

練習：吃東西的理由

列出你吃東西的理由，比如：

- 我應該去吃東西，因為……
- 我可以吃任何東西，因為我喜歡它們的滋味。
- 我不需要我的身體。
- 我不是我的身體。
- 我不需要去照顧我的身體。

將任何你想得到的其他理由寫下來。

每一次想吃東西，問自己：「我的身體現在真的需要這個食物中的營養嗎？」

你在地球上的目的，是為了創造真實的力量，也就是將人格與靈魂對齊，並將你的靈魂以想貢獻給人類體驗的天賦發揮出來。順著這個方向走，你的生命就會充滿意義、目的、清晰和喜悅，愛成為一種生活方式。遠離這個方向時，意義就從生活中流失，活動變成乏味的例行工作，你也會愈來愈關注在自己的利益上。生活充滿了恐懼。

第一種狀態是健康的，第二種狀態則是不健康的。兩者都在服務你靈魂的需求，你的靈魂需要表達和諧、合作、分享以及對生命的敬重。健康的狀態，也就是擁有真實的力量並能發揮你的靈魂天賦，讓靈魂得到它所渴望的完全表達。不健康的狀態，則讓你注意自己內在那些阻止和諧、合作、分享以及對生命的敬重得以發生的動態：也就是你的能量系統，在以恐懼和疑惑的方式釋放能量。

練習：給思想的食物

告訴自己：「我對食物的渴望，永遠都無法填滿自己，我願意敞開自己。我願意相信我的真正養分來自於宇宙，而這些養分的供給永遠都不會停止。」

這兩種狀態，來自於你所做出的選擇。**沉浸在憤怒、嫉妒、仇恨、悲傷或是任何形式的恐懼中時，你就拒絕了宇宙提供的養分。**那種養分始於你的情緒，沉浸在情緒中，比如說在憤怒中大喊、在悲傷裡自我封閉、在暴怒中攻擊他人，就像是置身於食物中，卻什麼都不吃，雖然周圍有食物堆積如山，你卻讓自己挨餓。

感受自己的情緒，願意從中學習，並且明白自己的情緒是來自宇宙的禮物，就是在一個永遠不會結束的宴會上用餐。沉浸在痛苦的情緒中，退得不夠遠、看不到它們在幫助你、給你資訊、給你訊號時，你就成了一個古老的水手，在由水組成的海洋上渴死。

情緒會告訴你，能量在每一刻是如何運作的。它們告訴你能量在哪些部位以恐懼和疑惑的方式離開，在哪些部位又是以愛和信任的方式離開。你的工作就是去找出能量以恐懼和疑惑的方式離開的地方，然後做出相應的改變，讓能量改以愛和信任的方式來離開。

你應當做出的特殊改變，就是你在地球上的課程，這課程可能是要你學習表達自己的恐懼、或學習去控制它，學習去聆聽或是學習去表達。也可能是學習對別人的關心、或學習讓別人關心你。它永遠都在不斷改變，是各種挑戰的組合，如果想要走上靈魂所指引的方向，就必須面對這些挑戰。遵循靈魂指引的方向前進，就是真實力量的創造，換句話說，就是靈性的成長。這些都始於情緒覺察。

情緒覺察，就是學習接收宇宙提供給你的養分的第一步。你的能量系統不斷產生情緒，每個情緒都是新的，雖然可能跟從前出現過的情緒有點像。相同的恐懼、憤怒或嫉妒不會一直存留，就像河流中的水不會總是停留在同一個地方，不管盯著河流看多久，都不會看到同一片水兩次。

然而，創造出恐懼、憤怒、嫉妒和絕望的動態機制都是一樣的。改變它們，就改變了你的情緒。在情緒的作用下，你如果大聲吼叫、封閉自己或攻擊他人，都是在放縱自己的情緒，這樣會阻止你關注自己的能量系統。結果就是身邊到處都是水，但是你連一滴都喝不到。

懂得利用情緒去瞭解自己的能量系統是如何處理能量，你就吸收了宇宙為你提供的養分。從情緒中抽離出來，感受它們的同時，也觀察它們。情緒發生時，你感受到你自己身體中的感覺，並且留意到頭腦中的念頭。

這一切都是靈性成長的一部分。接受這個過程，擁抱這個過程，並利用它去瞭解你有哪些地方需要改變，就接受了來自宇宙的養分，就不會再從洋芋片、速食和巧克力當中尋求慰藉，節食也結束了。你所吃的食物，不再是你靈魂所渴望的宇宙養分的替代品了，你所渴望的，也從碳水化合物轉向更完整與豐富的生活。沒什麼能跟它相比，披薩、生日蛋糕以及巧克力派也都恢復成它們真正的樣子，只能供給身體能量並滿足口腹之欲罷了。

你的體重不是真正的問題，問題是你為什麼去吃東西。當你吃東西是為了填補一種食物所無法滿足的飢餓感時，身體就會變得比所需需要的更胖。你不必追求理想的體型，真正重要的是你在地球上展開的生命之路，也就是從誕生到死亡的整個過程。這條路上有豐足的養分，每次體驗都是一個潛在的滋養機會。尊重每次體驗，尊重每份情緒，就是獲得養分的方式。把情緒推到一旁，你就拒絕了它。**學會接受宇宙提供給你的營養並對此精通時，你的身體就會顯現成一個能夠表達自身平衡的最佳體態。**

吃東西是一件神聖的事，反映出能量隨時流過你能量系統的過程。當你的能量系統以最佳的方式運作時，也就是能量在每個能量中心都以愛和信任的方式釋放時，你在地球學校中便能毫不費力且極具效率地前進，能自然地創造出和諧、合作、分享和對生命的敬重。這就是真實力量的體驗。

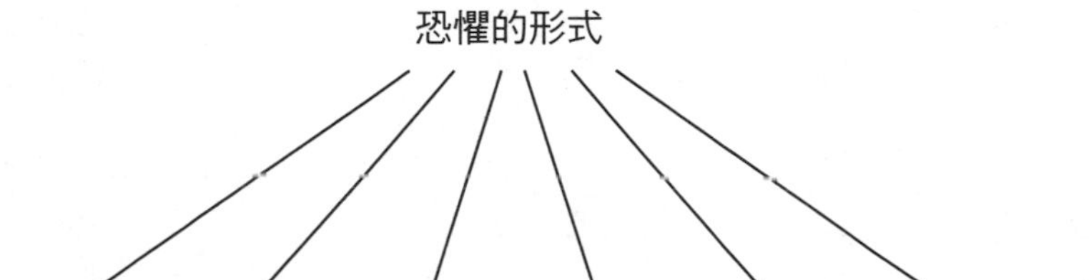

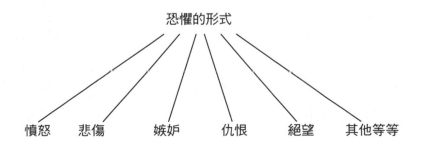

練習：吃東西是一個神聖的過程

每次吃喝時，告訴自己：「吃東西是一個神聖的過程，我吃這個食物，是為了滋養我的身體，而不是為了替代那些只有宇宙能夠提供給我的養分。」

當能量以恐懼和疑惑的方式離開任何一個能量中心時，會創造出痛苦的情緒來吸引你的注意。你會在那個能量中心附近感受到痛苦，會有一些評判的念頭出現，會想要比較所你擁有的和你應該擁有的。這些無力感和思維聚在一起，形成了痛苦情緒的體驗，例如憤怒、絕望、嫉妒或仇恨。這些都是恐懼的表現形式，它們都是因為能量以恐懼和疑惑的方式離開你的能量系統而創造出來的。

痛苦情緒的解藥，就是愛與信任。把釋放能量的方式從恐懼和疑惑轉為愛和信任，就展開了一場療癒的靈性蛻變之旅。對每個人來說，這段旅程雖不盡相同，但是終點都是一樣的，那就是能量能夠有意識且持續地以愛和信任的方式釋放。當能量以愛和信任的方式被釋放時，會產生健康、滿足、感恩和喜悅，並帶來深刻的滿足與意義。它會去除你與自身生命之間所有的障礙，每次體驗都成為一個朋友，即使是痛苦的情緒也是一樣。這就是真實力量的體驗。

在地球上的生活，就是一次創造真實力量的機會。它是一段關於靈性責任的戲劇化旅程。在這段旅途中，每次體驗都透過能量系統的運作，向你揭示是什麼東西隔開了你和真實力量。痛苦的情緒就是你的路標，向你標示出有什麼是需要改變的，這樣才能創造出一個充滿真實力量的生活，也就是將你的人格與靈魂對齊的生活。

忽略情緒時，你就忽略了這個複雜而強大的能量系統，不過它永遠不會忽略你。**雖然努力不去理會來自能量系統的信號，但是它們還是會一直來到你面前，並造成緊張的狀態。這就是每一個強迫症、上癮症和過度迷戀症形成的原因。**

想創造一個你生來就應該去創造的、有意義和滿足的生活，但又不想去做應該要做的事。食物對你的吸引力、以及透過食物來緩解痛苦的情緒，都

對痛苦情緒的唯一解藥
就是
愛和信任
因為
愛和信任創造

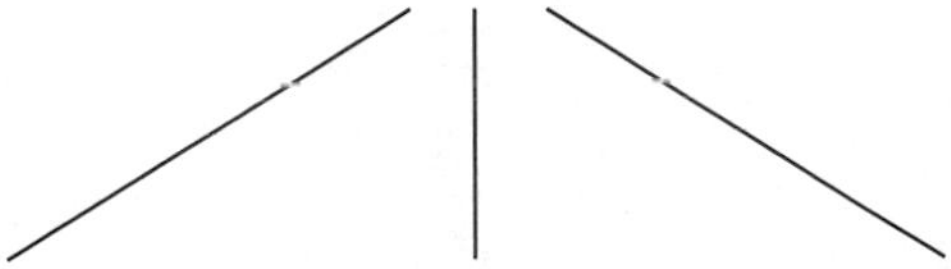

健康　滿足　感恩

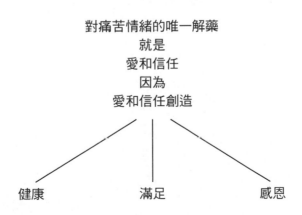

是你不想去做應該要做的事的表現。這看起來是個捷徑，但是它會將你導向身體的疾病，延遲了那些需要被完成的內在工作，卻無法消除。

我的情緒就是
我的靈魂和身體的
最佳飯後甜點

開始進行這個內在工作之前，能量會在你的能量系統中，持續以恐懼和疑惑的方式釋放。你每進行一次內在工作，就是透過一次痛苦的情緒注意到自己在做什麼。你的情緒，包括痛苦情緒，都是帶著禮物前來的朋友。每一份禮物都是由一個比你更清楚瞭解自己的工匠精心製作的，這也是為什麼每份禮物都非常珍貴，它們都是關於你自己的知識。

對你來說，到底什麼才是更重要的呢？是關於你自己的知識，還是一塊餅乾？

性上癮

你的能量系統不斷帶來訊息，告訴你它在如何處理能量，那份訊息就是你的情緒。迷戀於性的互動，會阻止這份訊息進入你的意識之中。

每次互動都會產生情緒，當你把注意力放在性上面，體驗情緒的能力就會降低或喪失。此時，一個可能的性互動帶來的激動和恐懼感，也被會被藏在一個幻想的螢幕後面，隔開你和那個吸引你的人。這就是一個性互動上癮者的體驗。對這些人來說，每次找到一個可能的性伴侶，都伴隨著一股流過全身的興奮或恐懼，你找到的那個人可能是你不認識的，也可能是你認識已久的人。突然之間，你會為可能跟這個人發生性關係而感到興奮或害怕，而這種興奮或害怕也總是出奇地強烈。

這種性吸引，也就是上癮式的性吸引，是一種阻止你意識到自身無力感的防禦方式。而無力感則是地球學校裡最痛苦的體驗。無力感就是感受到不被愛以及無法被人愛的驚恐體驗：在內心最深處你覺得自己不夠好而且醜陋，恐懼被人發現這件事，也恐懼孤獨和被拒絕。如果缺乏去感受它們的意願，那麼這些情緒愈強烈，你對這些痛苦情緒的抵抗，也就愈強烈。

性上癮者是非常痛苦的，被自己不夠好的感覺包圍著。有些性上癮者受到一種想討好別人的需要控制，有些則有暴力的幻想以及隨時可能爆發的憤怒，還有一些則在尋求報復，卻無法達成。他們的生活空虛又孤獨，充滿怨恨和不平，他們所感覺到的每一份痛苦，都是自己獨特生活的反映，各不相同。但是每個性上癮者所承受的痛苦程度都很深。

除非這種痛苦在生活中爆發出來，否則他們自己根本碰觸不到。除非絕望和怨恨再也抑制不住地湧入意識當中，否則他們會一直用力推開將它們。他們的生活由一系列的情緒爆發和情緒氾濫所組成，在這些爆發的間隙中，感覺到對性的強烈渴望，並想去尋找可能的性伴侶。有些人會在憤怒和絕望中攻擊別人，另一些人則在憤怒和絕望中封閉自己，還有一些人則沉浸在自己體驗的戲劇之中，另有一些人則對自己的感受極為麻木。

他們無法從性的渴望中得到休息。他們會不斷地從一次邂逅走向另一次，每次的體驗都只能短暫地緩解飢渴，然後這種渴望又會馬上再次出現。再多的性活動都無法滿足，這是因為他們真正的渴望並不是性，而是一些更深層的事物，一些更重要、且更難獲得的事物。

這種性渴望可能是持續且強烈的，幾乎占據他所有的思想，也可能只在意識的

背景之中，只有某個潛在的性伴侶出現時才被啟動。性上癮者將潛在的性伴侶看作是能夠解決他最大的難題的人：她看起來似乎可以填補他空虛的生活，他看起來也具備可以讓她變得完整的特質。性上癮者總是在從一個人走向另一個人，不斷地尋找性的滿足，每次都希望下一個伴侶會成為他的救贖。

上癮性的性渴望，是一面信號旗，標誌著你對意義、目的和價值的渴望。這種渴望潛藏在性渴望之下，這才是真正控制一切的衝動。沒有被發現的時候，它會在相似的場景中不斷地製造出無法抵抗的性吸引力，以相同的弱點把兩個人吸引到一起。事實上，這兩個人都是因為內在的痛苦而受到吸引，都希望對方能夠消除自己生活中的痛苦。這就是為什麼上癮性的性互動，永遠都無法令人滿足，只是短暫緩解了性渴望，而這種渴望總是會再回來。在上癮性的性互動之中，背後有比性更多的事物在運作。

練習：發現性上癮

第一階段——否定

「我只是一個比較濫情的人罷了。」

「好吧，也許這裡面有什麼我可以看一下的。」
「這不是個問題，不過如果這讓你覺得不舒服，那我就去看看它。」

第二階段——接受
「這裡面好像有些什麼。」
「這裡面可能有問題。」
「好吧，也許這裡面有問題。」
「好，是有問題。」
「這是一個大問題。」

第三階段——向治癒敞開
「我的確無法控制自己。」

在上癮性的性互動中，感覺無力、驚恐、不被需要、不被愛以及沒有價值的人，內在有一個雷達，每到一個地方，這個雷達就開始掃描，尋找一個目標——另一個跟他一樣感覺無力的人。當他發現這個人時，就會感覺到一種性的吸引力，他意識到的並不是無力、害怕、不被需要和不被愛，而是性吸引力。他以為是站在自己面前的那個人激發了這種渴望，但點燃他的內在的，是一個截然不同的東西，那就是利用另一個人，來緩解自己因恐懼、不被需要、沒有價值和無力所感到的痛苦，即使只有片刻也好。

他並沒有意識到，那個吸引他的人跟他是一樣的。他看不到她也在尋找一個可以利用的人。他看不到自己內在有想利用別人的需要，所以在別人那裡也看不到。正如她是他的目標一樣，他也是她的目標，她對他的興趣，和他對她的興趣一樣淡薄。

如果能看清楚，他就會對此感到厭惡，她也一樣。意識到和你在一起的人對你而言根本沒有任何意義是一回事，但是意識到別人也這樣看你的，則是另一回事。他對她的興趣來自於想短暫地滿足自己的渴望，然而他看不到她對他的興趣也是一樣的。對他來說，她是可以被替換的，反之亦然，雙方都透過對方來獲得價值感。這就是隱藏在上癮性的性吸引底下的動態，是人類負面性的核心，體驗起來和看起來，都一樣醜陋。

在性上癮的衝動之下，色情作品顯得特別有吸引力。那些性互動的圖片在沒有真人的情況下，取代了真實的性互動，但其實這兩種情況所利用的能量都是同一種。上癮性的性互動中，對方內在的挑戰、恐懼、脆弱和喜悅都不會吸引你的興趣，對方做為一個人的複雜性和困難都被忽略了。在此沒有任何情緒介入，所有的注意力只放在一個想要被滿足的渴望上，對方只不過是滿足這個渴望的手段。

恐懼、無價值和不被愛的痛苦愈是強烈，對性互動的需要，就變得愈具有強迫性。當這種痛苦減弱時，性的癮頭也會變弱或短暫消失。然而，壓力變大時，它就會再次出現。對夫妻或未婚者來說都是如此。當情緒危機來臨時，另一個人就變得很有性吸引力，而那個人必然也同樣無力。外在的情境不重要，意圖才是重要的。當你的意圖是去利用別人時，所感覺到的就是上癮性的性吸引，其中沒有仁慈和健康可言。

上癮性的性吸引是一種症狀，起因就是痛苦的情緒。一個性上癮者看到那些完整且在情感上有安全感的人，就會感到排斥，因為他無法那些人身上找到自己所需要的東西，也就是他可以捕食的軟弱。每次性上癮的性互動（包括夫妻之間的），都是被一種想要體驗力量、價值和被尊重的需要所驅動，即使這個體驗非常短暫。想獲得自我價值感、尊重和欣賞的需要，創造了上癮性的性吸引及其幻想。

這種性吸引是真實而強大的，但是真正重要的，是隱藏在它之下的事物。把注意力放在上癮性的性吸引上，不管是沉浸其中或對它抗拒，都是在迴避真正的問題。這個問題就是痛苦的情緒要求你去注意的部分，能照顧好這些部分之前，強迫性的性衝動會一直存在。

上癮性的性吸引，從來都不是針對另一個人而發的，而是受到另一個人在你心中的形象所吸引。你想像對方是因為你受人崇敬的形象才受到吸引，你想像自己是有吸引力、性感和誘人的。你想像那個吸引你的人把你擺在神壇上，你對這一點感覺良好。但這些都不準，那個吸引你的人對你的尊敬，和你對他的尊敬比起來，不會比較多。

如果想像不出自己擁有這些特質，你就會想像對方擁有這些特質。你想像他是有吸引力、性感和誘人的。你將他放在一個神龕上，這樣才會感到安全。然而，這也是不準的。那個吸引你的人對自己的尊重，跟你對自己的尊重比起來，也不會比較多。

這就是為什麼上癮性的性互動，會阻礙親密感的發生，即使雙方看起來很親密。如果兩個人都在利用對方，又怎麼可能產生親密感呢？在這種情況下，他們怎麼可能分享那些真正重要的事情、袒露自己的脆弱和感受，並欣賞對方呢？

兩人之間無法親密，因為上癮性的性互動中的兩人都不在乎對方。在這種互動中缺乏移情和柔軟。雙方都把對方看成是可取代的，都只是對方的一劑緩解藥物，就像酒精是酒精上癮者的一劑緩解藥，海洛因是海洛因上癮者的一劑緩解藥一樣。他們既是捕食者也是獵物，既是引誘者也是被引誘者。兩人都以對方為食。

性上癮通常很難被看到。它底下所隱藏的情緒愈痛苦，就愈難被發現。性上癮是人類體驗中最普遍的一種上癮症，事實上，每個想要透過別人來滿足自己欲望的衝動，都出自一個更深、更有力的渴望，就是能度過一個更加令人滿足、且充滿意義與目的的生活。無法滿足這份渴望而產生的挫敗感，就是所有痛苦情緒的根源。

練習：情緒和性上癮

如果你覺得自己是性上癮者，想找到這上癮的起源，很重要的一點就是對自己溫柔一些。

回憶上一次你感到他人的性吸引力，回憶一下當時的感覺：除了那種可以和對方發生性關係的興奮之外，是否也意識到自己的恐懼？

繼續待在那個時間點上，並對你的能量系統進行一次掃描。你感覺到了什麼？在什麼部位？有哪些念頭伴隨身體感覺出現？

下次當你遇到一個讓你感覺到性吸引的人，去感覺一下在感受到的興奮和恐懼之下，有什麼是更深層的。掃描你的能量系統，允許自己去感覺這份吸引力，但是不要在那感覺下去行動，只要去感覺在那下面到底有些什麼。

生活在充實和有意義的生活中的人，是不會受到恐懼和脆弱折磨的。他不用防禦自己或譴責別人。他不需要別人的崇拜，也沒有崇拜他人的需要。他的創造就在此刻。他對生活感到激動，而不是感到害怕。他所說的和所做的都很恰當。即使困難發生，生活也充滿了喜悅。每天夜晚，他都得到休息，精神煥發。這就是真實力量的體驗。

痛苦的情緒是有起因的，這些起因來自內在，而非外在。逃避痛苦的情緒，讓你無法去探索這些起因，然而意識不到這些起因，就不會有所改變，痛苦的情緒也就會持續。**將上癮性的性吸引，以及對痛苦情緒的逃避連結在一起，是邁向治癒它的重要一步**。需要深入地檢查這份連結，如此才能治癒每一次上癮性的性吸引底下那些痛苦的情緒。如果不去看這個連結並探索它，就只能繼續追逐上癮性的性互動，把下面的那份情緒埋藏起來。

埋藏痛苦情緒就像在埋炸藥，終有一天會爆炸。在上癮性的性吸引之下的情緒是痛苦的，是憤怒、不安、嫉妒、絕望、仇恨和其他形式的恐懼。它們是長在同一株植物上的不同的花朵。這株植物的根就是恐懼，也就是無力感。

充滿愛的性親密，形式則完全不同。它表達關愛和欣賞，是一種互相給予，而非互相索取。在這種關係裡，雙方是在關照彼此、而非利用彼此。**在充滿愛的性親密中，性伴侶是不可替換的**。他們有自己獨特的過去、態度、掙扎和喜悅，他們彼此瞭解並關愛。他們關心彼此的感覺，對對方有興趣。他們用肉體的親密來加深情感的親密。他們一同歡笑，很關心自己的感受，並願意一同成長。兩人之間的性互動對他們來說是神聖的，他們對彼此來說也是神聖的。

伴侶雙方的情感連繫在性互動中一定會加深，但是在上癮性的性互動中，這份加深的情感沒有表達的途徑。無法表達時，最終只會創造心理和身體上的障礙，這種障礙又會再次加重上癮性性吸引的痛苦情緒。

當你對一個不認識的人，或是一個不想加深情感連結的人，或是一個其過去、恐懼、願望、喜悅和掙扎無法引起你的興趣的人，或者是你不怎麼關心的人產生了一次上癮性的性吸引時，這種強烈流過的激動和恐懼，都是對痛苦情緒的一次逃避。即使是夫妻，當他們進行一次上癮性的性互動時，也只會是一次源於痛苦情緒的體驗。

每一次上癮性的性吸引，都是對情緒覺察的抗拒。

第三部

共通主題

權力鬥爭

權力鬥爭正在成為古董。它們正在變得過時，到最後會完全被淘汰。權力鬥爭和古董之間的區別，在於古董還有懷舊的價值，權力鬥爭沒有。它們實際的樣子會被看清——沒有建設性，並且是人類早期進化形式的缺陷。

建造新建築物時，建築工地上的開土挖掘工程，會將生銹的水管、彎釘子、碎玻璃和那些很久以前的舊建築地基都翻到地面上來。這時候，為了新的人類意識的誕生，破土挖掘的工程也開始進行。建築完成時，它將取代原來在這位置上的一切。當新的人類誕生時，改變人類體驗各方面的新意識也會隨之而生。

權力鬥爭是人類體驗景觀中最顯著的要素。人類歷史就是個人、部落、種族、宗教、性別和國家之間的權力鬥爭編年史，每個國家和民族，都有與其他國家和民族之間鬥爭的故事。每一次權力鬥爭都基於這樣的理解：權力就是操縱和控制的力量。至今為止，人類的各種體驗都建立在這種理解之上。

國與國之間、孩子與孩子之間，都為了相同的理由而戰鬥，他們想要控制。每一宗謀殺案都和該隱當初殺害亞伯一樣，都是為了相同的理由，即控制的需要。[4]殺人只是每一次爭吵和衝突下面之動態的一種極端的表達方式而已，不管這衝突發生在父母、孩子、同學還是在同事之間，都是為了想要操縱和控制而發生的。

努力操縱和控制那些外在的事物，包括他人在內，就是對外在力量的追求。創造外在力量，曾經使人類種族得以存活並繁衍昌盛，人類創造了房子、農業、科學和太空船等，每樣非自然生產出來的東西，都是外在力量的產物，比如這本書、你坐的椅子、你開的車、電話，還有你穿的衣服。

至今為止，人類進化的故事，就是一段追求外在力量的故事。這段故事極其輝煌，但我們並沒未始終帶著尊重的態度去追求外在力量。這是人類體驗中每一次暴行的起源，不帶尊重地追求外在力量，就是所有衝突、殘忍和痛苦情緒的起因。

尊重是對神聖的感知和欣賞。透過形式的外殼，看穿裡面的本質，並珍視事物本來的樣子。尊重就是欣賞所有形式的生命，並意識到世界上除了生命之外別無他物。

不尊重地追求外在力量，已經使地球變得荒蕪、毀滅了許多文明、讓兒童們挨餓，並讓我們周圍充滿了殘酷。**不尊重地追求外在力量，製造了權力鬥爭。**

---

4 譯註：該隱殺害亞伯是著名的聖經故事，他們被稱為人類歷史上第一個謀殺者和被謀殺者。

無論是否帶著尊重，對外在力量的追求，現在都只能帶來暴力和破壞，不再是一種有效的進化模式。它是一帖錯誤的藥方，現在也沒有任何事物能將它變成良藥。就像電的發明不會讓蠟燭變成負面一般，將力量理解為操縱和控制的能力，也不是負面的，它只是過時了。這種過時的認知，現在在各方面都造成反作用。

使用蠟燭比使用電燈的效率要來得低，蠟燭所提供的光，不足以支持技術發達的社會之需要。追求外在力量不僅效率低，而且很危險。為了延續人類種族，對外在力量的追求已經不再是我們的出路。即使是帶著尊重去追求外在力量，也不再是一條出路。對外在力量的追求是沒有未來的，建立在其上的關係和社會結構也一樣。

權力鬥爭無法產生建設性的結果。將控制和操縱的能力等同於力量，這種認知對人類的進化已經不再有幫助了。而且這種認知，就是所有權力鬥爭的基礎。囤積、競爭、不和與利用，都是不尊重地追求外在力量所導致的後果。**在權力鬥爭之中，想操縱和控制別人的意圖，會跟別人想操縱和控制你的意圖互相衝突。**這個問題表面上可能顯現為你們在爭論誰對誰錯，或是誰的想法才是真實的、誰的是假的。但這並非真正的問題所在，真正的問題永遠是對外在力量的爭奪。你可以得到或失去外在力量，就像一場競選會有勝敗，股票可能漲跌一般，每一場選舉都是一次權力鬥爭。勝出者獲得外在的力量，也就是操縱和控制的能力。每一個競爭也是一次權力鬥爭。獲得更大市場的企業，也就擁有更多的外在力量，也就是去操縱和控制的能力。

當我們把致勝當做目標時，每場網球賽、高爾夫賽和保齡球賽都是一次權力鬥爭。當只有勝利才能帶給人價值感時，每場足球賽、棒球賽、籃球賽也都是一次權力鬥爭，而每次的失敗則會帶給人痛苦。努力去操縱和控制，讓你感覺自己更有價值、更受人尊敬，並更值得被愛，這就是追求外在力量。將你擁有的所有才能貢獻出來，並且喜悅地表達自己、努力做到最好，是一種能帶給人滿足的體驗，但這種滿足與結果無關。**對你來說結果比行動更重要時，你就處在一場權力鬥爭裡**。

擁有真實力量的人，每天也都在進行日常生活衣食住行的活動，但是他們使用房子、衣服或電器，並不是為了讓自己感覺比別人或其他生命形式更安全、更卓越。他們是用這些東西來創造和諧、合作、分享並表達自己對生命的尊重。這些就是我們靈魂的意圖。

為了貢獻給生命更多而不是利用生命，帶著這樣的態度去看書和使用電腦時，都是在追求真實力量。互相合作以創造和諧而非衝突，就是對真實力量的追求。為了分享而非生存而去種植食物，就是對真實力量的追求。

練習：你處在一場權力鬥爭之中嗎？

如何知道自己是否處在一場權力鬥爭之中呢？問問自己這些問題：

我是否覺得自己是正確的？
我是否確定另一個人是錯誤的？
我是否有一種受傷的感覺？
我是否有一種不耐煩的感覺？
我是否在責怪他人？
我是否感覺跟另一個人很疏遠？
我是否對結果很在意？
我是否想要贏？

如果對其中任何一個問題的回答是肯定的，那麼你就處在一場權力鬥爭之中。

當人們因無力感而選擇追求外在力量的時候，權力鬥爭就開始了。權力鬥爭只發生在那些追求外在力量的人身上。他們想控制彼此，他們在痛苦之中，這種痛苦就是無力感所帶來的痛苦。但是他們不去體驗這痛苦，而是向外伸出手，想要改變這個世界。他們會設法讓自己變得更苗條、更有錢、更有技巧或是受更高的教育。他們會結婚或離婚。會將頭髮剪短或留長、紮辮子或燙直。他們微笑、哭泣、封閉或發火，都根據自己學到的、創造外在力量的方式行動。

無力感的痛苦源自於能量以恐懼和疑惑的方式離開你的能量系統。你可以透過感受能量系統中相應中心附近的痛苦，辨認出自己的恐懼和疑惑。比如說，太陽神經叢（第三個中心）附近的痛苦，是由恐懼所製造出來的，當你無法提供自己的所需、無法保護自己，或是無法做自己該做的事時，這個部位就會感覺痛苦。你胸部（第四個中心）裡面的痛苦，源自於無法去愛和被愛的恐懼，你阻擋了從自身發出和流入的愛。在喉嚨（第五個中心）裡的緊繃或是功能障礙，則告訴你，你有自我表達的恐懼。當能量以恐懼和疑惑的方式離開每一個中心時，都會製造出一種特定的身體感覺，這些感覺都很痛苦。

練習：停止鬥爭

回憶一下你上次在權力鬥爭中的場景，它可能發生在你和伴侶、同事、家人或一個陌生人之間。回想當時的狀況，直到能夠清楚感受到自己當時的感覺。你當時有哪些感覺？它們出現在什麼部位？有哪些思維伴隨著這些感覺而出現？

下次你發現自己身處在一個權力鬥爭之中，按照以上的步驟再做一次。停下來，感受一下你的感覺，找到它們出現在身體的部位，並注意當時的思維。

漸漸地，比起權力鬥爭，讓你對自己身體的感覺、以及這些感覺所出現的部位，要更加感興趣。

地球學校的每個學生都在走一條獨特的路。每個人都有自己需要面對的恐懼、需要超越的疑惑。權力鬥爭是逃避恐懼和挑戰的方式，它們阻礙了情緒覺察。一個痛苦中的人會憤怒，而不是去感覺身體裡的痛苦感覺。他感覺受到輕視，覺得自己是正義的。無論如何反應，都是在試圖去控制和操縱。那份痛苦情緒並沒有被體驗，而是導致一場爭執、一回競賽，或是一場戰爭。不管對個人還是對集體來說，權力鬥爭的機制都是相同的。**追求外在力量，永遠都是一份逃避痛苦的嘗試**。

向內看而非向外看，找到那個痛苦的根源，並將它轉變成感恩的來源，這就是對真實力量的追求。真實的力量就是將人格與靈魂對齊，創造真實力量，就是用意志去改變自己的生活，而不是別人的生活。它就是認識到自己在地球上有一個目的，然後找出那個目的，並把它活出來。

權力鬥爭會讓參與其中的人的意識，從需要的地方轉移開來，讓他們無法治癒無力感的痛苦。權力鬥爭企圖透過支配別人來感覺力量，即使這種感覺只有一瞬間。

當你保持靈魂的意圖，也就是創造和諧而非製造不和，分享而非囤積，合作而非競爭，尊重生命而非利用生命時，就不可能發生權力鬥爭。這些都是從去體驗那些創造權力鬥爭的痛苦情緒開始的。

這就是情緒覺察。每次的權力鬥爭都是一次對情緒覺察的逃避。憤怒、嫉妒、仇恨和恐懼都令人感到痛苦，以致於你不是去體驗它們，而是去吼叫、指責或封閉自己，這些都是為了去控制和操縱別人而做的。每個參與權力鬥爭的人都是驚恐和受傷的，他們拒絕體驗那種恐懼和痛苦，讓那些鬥爭得以延續。權力鬥爭就是一種忽略痛苦情緒的過程。

世界上有多少個人就有多少種透過鬥爭以獲得外在力量的方式。有些人會大喊或尖叫、有些人則會思考。有些人會記仇，有些人則會散布流言。有些人會在情緒上封閉自己，有些人則會壓抑自己的熱情。有些人會微笑，有些人則會哭泣。

這一切都會創造出疏離。權力鬥爭跟行為無關，而是和意圖有關。當一個操縱和控制的意圖，遇見另一個操縱和控制的意圖時，就會創造出權力鬥爭。**當你將能量從其中收回來時，一次權力鬥爭就結束了**。沒有操縱和控制的意圖，權力鬥爭是無法繼續的。當你把意圖放在觀察自己的內在動態上時，一切就都改變了，你將能量從鬥爭中收回來，而你的注意力就放在自己的情緒上。

當你的目標是想要治癒內在的痛苦時，對操縱和控制就不再感興趣了，想要去操縱和控制的需要，正是由這些痛苦創造出來的。這就是去超越那些想要變得正義、正確、更強、更聰明或更大聲的衝動的方法。**將你的意圖從致勝轉向瞭解自己時，你就對權力鬥爭失去了興趣**，自我覺察變得更為重要，親密感成為你的目標。

練習：權力鬥爭VS.親密

權力鬥爭	親密
情感上的封閉	勇於敞開
正確、正義	慈悲
阻擋封閉	敞開你的心
控制的	合作的
不惜代價去贏	雙贏
領域性的	分享的
怪罪別人	自我負責
不和	和諧
逃避痛苦	願意療癒
抗拒恐懼	面對恐懼
自我中心的	自我覺察的
追求外在力量	追求真實力量
靈性方面停滯不前的	靈性成長的
對結果很在意	對結果不在意

權力鬥爭阻止了親密感。你懷疑自己無法控制和操縱別人，怕他不會像你想要的那樣思考、說話或行動，這種恐懼就是權力鬥爭的根源。想創造真實的力量，你必須有意願跟每一個人合作，而不只是那些和你目標一致的人。它需要你有意願跟所有人創造和諧關係，而不僅僅是跟那些崇拜你的人。它需要你有意願跟所有人分享，而不是僅僅是那些願意與你分享的人。它需要你有意願尊重所有形式的生命，而不僅限於那些不會對你造成威脅的生命物種。

權力鬥爭讓你看到自己的內在仍需改變的部分，使你能夠創造出真實的力量。它們告訴你還需做些什麼，是你旅程上的路標，每一個都指向你應該找到並改變的某處。改變之後，這個路標就不再指向那裡了。

到最後，你就不再需要路標了。

尋找救贖

人往往從外部尋求救贖。**尋求救贖就是想找到一個人或是情境，將你從困難中拯救出來**。你所尋求的可能是一個完美的伴侶、家、工作或車，也可能是錢、名聲、教育、一個更苗條或健壯的身體。表面上看來，救贖來自於他方和他人，而不是來自內在。

浪漫的愛情吸引力，就是一種尋找救贖的體驗。她好像擁有你所需要的、可以完滿你生命的一切。他是如此地有魅力、強壯、英俊和有能力。她溫暖、細心、高雅又可愛。吸引力往往來自於那個人擁有某種可以解決你問題的能力，消除你的內在鬥爭，並將你帶到一個從未體驗過的舒適感之中。

如果救贖沒有發生，浪漫的愛情吸引力也就此終結了，也就是蜜月結束了。由於愛情中的雙方都將對方看做是救贖者，所以這種幻象的終結是雙方面的。雙方都在對方身上看到他們之前沒看過的特質，比如說壞脾氣、多愁善感、害怕表達、不敏感或其他脆弱面。其實這些特徵一開始就存在，只不過要等到開始顯露時，雙方才會明白「對方是自己的救贖者」這個想法不過是一種幻覺。

這種感覺愈清晰，一直都存在的不適感，就有愈多會開始重新浮現。你的生活還是要繼續，不過現在必須和這個人一起前行。你的嫉妒、對人群的恐懼、憤怒，還有自我懷疑都回來了。愛情剛開始之際，它們曾經消失，就像晨霧一般，那種救贖的想像雖然遮住了它們，卻無法消除它們。霧散開時，它們仍然在那裡，在你處理它們之前，一直都會在那裡。

尋找救贖時，注意力會從你的感受中被移開，放到外在情境裡面去。情緒覺察被置於一旁，痛苦暫時被對未來的憧憬所取代，這就是浪漫關係的力量，它製造了可以永久解脫痛苦的假象。

這也是其他事物，比如一份你就是想得到的工作，就是想買到的房子，或者就是想買的衣服的力量。你關注在事業、房產或衣服之上。你從情緒中逃開。愈想逃避，那份事業對你的吸引力就愈大，那棟房子愈是顯得可以解決你所有的困難，那件衣服就愈發吸引人。但是當你得到了那份工作、那棟房子或是那件衣服時，蜜月就結束了。焦慮、恐懼、怨恨和自我懷疑又再次回歸，然後你又得開始找尋下一次的救贖。

另一份工作或房子開始召喚你，你又去買另一件衣服，尋找另一段浪漫關係。每一次你都將注意力從情緒中轉移開來，將它放在事情和人上面。你在那裡尋找救贖，**你將那份只有自己才能盡的責任，放到你的救贖者身上**。這樣一來，你仍然無法完成自己該做的。

練習：尋求救贖的時候

當你感覺自己又在尋求救贖的時候，停下來，去感覺你的感受。問自己這個問題：「我是否覺得這個人、這個情境或這個東西，是我的幸福的答案？」

這是對外在力量的追求。你透過成就、衣服和言語來影響別人。你透過外表、你所擁有的東西、你的技能和成就去操縱和控制別人。人們有多珍重你，你就相應地珍重他們。當他們不贊許你的時候，你的幸福感就消失了。他們欣賞你的時候，你自我感覺良好。在浪漫關係中，雙方都會去滿足對方想要被欣賞的感覺，這使人感覺很愉快，他們會覺得自己變得很有吸引力、很性感。走路變得更輕快，笑得更多，也更享受生活。

但是當浪漫關係結束時，他們就掉進了絕望和自我懷疑當中，感到憤怒或把自己封閉起來，這些也是企圖控制和操縱的手段，他們希望再次獲得失去的熱情以及隨之而來的自我形象。外在力量是會喪失、獲得、繼承、賺取或贏得的，它有來有去。「他愛我，還是不愛我？」這兩者的區別很大，一邊是喜悅和活力，另一邊則是痛苦。

每一次將自己的救贖放在別人手中，都是一次逃避痛苦情緒的企圖。你放棄了對自己所創造出來的情緒的責任。你把自己看成受害者，想要依賴某人或某物來拯救自己。你將痛苦的情緒看做是懲罰、不公平和隨機的結果。你企圖將自己的意圖、思想和言語行動，跟情緒體驗分開看待。

你的情緒想要獲得你的注意力，要你注意需要改變的內在動態。就是這些內在動態創造出你的恐懼、憤怒、仇恨、嫉妒和悲傷。這些情緒是你能量系統的產物，告訴你能量正在哪裡被如何處理著。用尋求救贖的辦法來轉移注意力時，情緒資訊仍不斷地被製造出來，能量還是持續地受到處理，但你的情緒也依舊是痛苦的。

尋求救贖可以讓你短暫地中止對內在痛苦動態的體驗，但是這無法改變它們。只有將能量的處理方式從恐懼和疑惑轉為愛和信任，才能改變你所體驗的這些情緒。忽略你的情緒時，你就忽略了一個資訊：那就是它們需要改變。**如果你將尋求救贖的注意力放在身體的感受上，你就成為自己的救贖**。當你向內看、而不是向外看的時候，就能看到自己的痛苦。正是這痛苦驅動著你向外看，在一個人或一個情境之中尋求救贖。

練習：探索你的救贖

列一份你的救贖清單，比如說：

- 新伴侶
- 新工作
- 新車
- 新衣
- 錢
- 教育
- 名氣

逐項檢查你清單上的每項救贖。回憶一下想要它們的時候，你身體的感覺：是激動的，還是恐懼的呢？掃描你的能量系統，你的身體裡有哪些感覺，它們是在什麼地方？

回想當你找到救贖時的感覺：是激動的嗎？你感覺到「我在世界之巔」嗎？它會持續多久？現在，更深進入感受之中，注意你的身體裡有哪些實際的感覺，它們又在什麼地方？

現在回憶一下，蜜月結束時，也就是當衣服、房子、伴侶和車再次顯得平常的時候：蜜月持續了多久呢？當它結束時，你有什麼樣的感覺呢？注意你的身體裡有哪些感覺，以及它們在什麼地方。

胸腔裡的疼痛告訴你，能量在你的第四個中心裡以恐懼和疑惑的方式離開。你的心是關閉的，你對人進行評判和比較，你對成就和財產的興趣高過對人的興趣。治癒胸中的痛苦需要原諒，憤怒會使這份痛苦壯大，欣賞則會減輕這痛苦。評判別人讓你的胸部變得更緊繃，而祝福別人則讓它放鬆。沒有一個救贖者可以代替你自己去原諒，只有你自己能給出祝福，也只有你的祝福，可以減輕胸中的疼痛。

太陽神經叢附近的痛苦告訴你能量正在以恐懼和疑惑的方式離開那個中心。你害怕自己支持不了自己，你需要別人的贊同。害怕被拒絕，你的自我價值端賴別人的評價，你懷疑自己的能力。治癒這份痛苦，你需要改變認知，去檢查你的信念。

潰瘍、消化和背部痙攣並不是真正的問題。真正的問題在於你未曾檢視過你對自己的信念，以及那些你認為自己在生活中無法超越的挑戰之恐懼。

你不去體驗這些恐懼和疑惑所創造出來的痛苦情緒，而是去尋找一個你認為可以帶來答案的人或境遇，你認為這些能解答你的問題，能帶給你快樂。但是任何一個來自外在的禮物，或是任何一個你找到的珍寶，都不是快樂的源泉。你自己才是。快樂的源泉是一種創造，而你是唯一能夠創造它的人。

練習：我的快樂

告訴自己：「我生命中唯一可以創造快樂的人是我自己，快樂的源泉就在我之中。」

痛苦情緒告訴你，你內部有什麼需要被改變，而不是別人的內部需要改變。痛苦情緒將注意力帶到你的能量系統上。能量系統創造出你身體的感覺，這些感覺可能痛苦、可能是愉悅，取決於能量在你的能量系統中是以何種方式被處理的——以恐懼或者疑惑的方式還是愛和信任的方式。

情緒提供你關於能量系統可靠、準確又即時的資訊。要改變情緒，就必須改變能量的處理方式。在地球學校裡，你隨時隨地都受到支持去進行轉變。那是從恐懼和疑惑到愛和信任的轉變，痛苦情緒支持你這麼做。

你不需要從痛苦情緒中得到拯救，因為它們是為你帶來訊息的信使，它們帶給你的訊息，能幫助你創造出健康的生活。去尋找救贖時，你就避開了這個信使，它所捎來的訊息也就無法送到你的手中了。

評判

評判的時候，你就將注意力從自己轉移到別人身上去了。透過把注意力放在外在，你阻止自己去注意自己內在正在發生的事。

評判別人是一種企圖改變世界或重新安排世界，好讓它得到你贊同的方式。它是能量的大出血，也是一種力量的喪失。你把力量用在評判的人和情境之上，讓它們占據你的思想和注意力。它們讓你入迷，就像一部占據你注意力的電影一般。

評判別人的時候，你忘記自己是誰，忘記你的目標和你的願望。最重要的是，你忘記了自己的感受。評判別人的衝動，就像手中握著一張你已經看過、但依舊吸引你的電影票一般，在那股衝動下行動時，你就進入了這電影院。在這部電影裡面，你比別人優越，有權力將自己的意志強加在他們身上。事實上，你的注意力根本就不在別人身上，因為你根本不在乎他們所想和感覺到的。你對他們的掙扎或成就都不感興趣。他們的過去對你來說不重要，你也不把他們看成是在地球學校裡的同事或同伴，甚至不把他們看做是獨立的個體。你只看到那些令你反感和不舒服的地方。

評判的衝動出自內在的痛苦。它不只是心理的衝動，背後更是一種身體上的實際痛苦。這種痛苦體驗起來極為難受，所以你往往不願去體驗它，而是在衝動驅使下去行動和評判。你把注意力放在那些自己不喜歡的行為上，那些讓你感到不悅的衣服上，或是一個太高或太柔的聲音上。你給別人貼標籤。

大部分的人意識不到自己對別人和某個情境的評判衝動的背後，是身體的痛苦。當他們注視別人或是對別人發火的時候，他們隱藏了自己的不舒服。除非能夠感覺到那種不舒服、熟悉它並挑戰它，否則他們就會一直強迫性地挑剔別人和環境。

練習：回憶一下

回憶一個你所評判過、且現在也還在評判的人：當時你是怎麼看待他的？現在呢？

掃描一下你的能量系統，你有哪些身體感覺？它們都在你身體的什麼部位？允許自己去感覺你評判別人的時候想要掩藏的痛苦，對自己溫柔一些。

當一個人願意改變自己、以適應你的標準的時候，你所獲得的放鬆感只是暫時的。去改變世界和別人的需要，也就是評判的需要，並非源自於外在世界，而是內在失衡的產物。在矯正這種失衡以前，那份需要會持續存在。

沉浸於強迫症之中，包括去評判的強迫症在內，就像是在吃止痛藥。你今天吃了幾顆？昨天吃了幾顆？上個月吃了幾顆？去年吃了幾顆？如果你每一次評判別人都像在吃一顆止痛藥，那你已經吃掉多少瓶了呢？如果你已經壓抑了那麼多的痛苦，那麼你現在過得有多痛苦啊！

真正的問題不是那份痛苦，而是它是由什麼導致的。在發現那個起因之前，痛苦是不可能消除的，強迫症也會不斷持續。這樣只會治標不治本。想要從這種破壞性的依賴中解脫出來，首先就是意識到你的痛苦，以及它發生在哪裡發生，也就是你的能量系統以何種方式、在哪些部位處理能量的。

當你還在吃止痛藥的時候，要意識到身體中的痛苦是很困難的，所以應該要先停藥，尤其是停止評判這種止痛藥，就會有立竿見影的效果。停止去做強迫性的評判，根本不用等到最後一顆藥的藥效褪去，馬上就能夠感覺是哪些隱藏的痛苦製造了這種強迫症。**阻止這個衝動，意味著停止你所做的（包括評判在內），而去感覺你所感覺到的。**如果你什麼都感覺不到，那麼要有耐心，痛苦就在那裡。如果去評判的衝動還在，如果你還是不斷地在周圍和別人身上看到令你討厭的東西，你就知道，痛苦還在那裡。

如果你感覺不舒服並且開始評判，那麼對自己耐心一些。一步一步地放鬆下來，進入身體裡面的感覺。對你的意識來說，這可能是一個新的領域，但是自從呱呱落地，它就一直存在了。你的強迫性評判，是一株一直在那裡生長的植物，阻止這個評判的衝動，就像是在這片土地上除草。對你的內在體驗變得有意識，也包括身體裡的痛苦變得有意識，就是將這株植物連根拔除的第一步。

評判別人的時候你也在評判自己，你企圖透過評判別人來逃避被評判的痛苦。這種複雜的方法，是為了避免去看自己身上那些自己並不讚賞的特質。自己也擁有這些特質的想法，讓你感到痛苦或是羞辱，甚至無法想像那是真的。你對這些特質很在意，因此當你看到別人身上有這些特質時，馬上就會認出來，因此會對那個人發火、不悅、恐懼或失望。這就是評判的真正根源。

如果你真的沒有那些讓自己如此鄙視的特質的話，就不會有情緒反應。你就只會按照它們原本的樣子，去看到這些欺騙、貪婪、欲望、不敏感和其他的不足，並且做出自然的反應。你不會去信任一個不值得信任的人，也不會期盼一個不敏感的人要敏感。你會毫不費力地去做這些事。你對某些特質的強烈情緒反應就是一種信號，收到信號時，也就是評判別人時，你就知道你在別人那裡看到了你尚未在自己身上發現的某種特質。

如果看不出你與被自己強烈評判的人有同樣的特質，你就會在看到它們時，變得憤怒、失望和鄙視。愈排斥它們，它們就變得愈厲害，你也會愈加評判別人的這種特質。那些讓你感到不快的人，會不斷地出現在你的生活中，或者不斷回到你的生活裡。你會不斷評判他們，直到你認識到自己對地球學校的同學那種強烈的不滿，其實就是你對自己的強烈評判，然後你就會改變自己的這些特質。

那些抨擊賣淫行為、卻被拍到跟妓女在一起的牧師就是一個例子。他們對性的思考是真誠的，和它之間的鬥爭也是勇敢的，只是在戰場上，他站在錯誤的一邊。想要透過性來利用別人的那個人，就是他自己。愈忽略它，它就變得愈強烈，想要跟它鬥爭的決心也就愈強，到最後就演變成他跟別人這部分行為的戰鬥。

最後，跟妓女發生性關係的衝動淹沒了他，而這正是他最猛烈抨擊的。被發現時，他看起來就像個虛偽的人，但並不是這樣的。他沒有辨認出那讓他如此厭惡的衝動，其實是來自自己，而他厭惡自己。如果他不厭惡自己，就也不會厭惡那些有同樣衝動的人，會將性的利用看成它原本的樣子——一種痛苦的無力感之體驗——並且依此來做出反應。

你對別人的強烈評判，其實就是你對自己所做的或者想做的事情的強烈評判，這種可能性你是否能夠接受呢？如果能接受的話，你將會得到一份驚喜。你會開始同情別人，而不是去斥責他們。你將會成為一個敏感的人，而不是一個批判者。在你感受到自己的痛苦之前，是無法理解別人的痛苦的。能夠充分意識到你自己的痛苦時，就也能夠意識其他人的痛苦。

練習：抓住自己

發現自己在評判時，停下來並掃描你的能量系統。注意你的身體裡有哪些感覺，它們都在什麼部位，並留意你腦中正在浮現的思維。然後問自己：「我在阻止自己看到自己的哪些地方？」

身體上的痛苦製造了評判。**評判將意識從你的身體感受轉移到頭腦活動去**。評判別人時，你的注意力雖然放在關於他人的那些思維上，你的痛苦卻是一直都在的，這痛苦來自於能量以恐懼和疑惑的方式離開你的身體。

去評判別人的衝動就是一種信號，這個信號表明你應該把注意力放到自己的內在上。它在告訴你，你自己還有尚未處理的問題，這才是你真正應該關心的事情，而不是去處理別人的問題。去評判別人的時候，你就逃避了一次自我探索的機會。

一名法官會根據已經建立的規則，也就是法律來評估一些情況，你對他人的評估也是基於某些已建立的規則，也就是你自己所遵守的法律。評判就是想要別人服從你的法律。

你的法律就是你認為別人應該如何思考、打扮、說話和行動的信念，也是你對宇宙的信念：他人和宇宙應該是怎樣的，以及你跟它們的關係應該如何。當你的法律被違反了，你就責備他人、自己和宇宙。

看到自己的法律被違反是一件痛苦的事，而去評判那些違反它們的人，就是不去感覺這種痛苦的一種方式。但這並不能消除那份痛苦，也不能消除那份痛苦的來源。評判他人時，你進入了心智的領域，在此無法感覺到自己的痛苦。痛苦的感覺愈強烈，去評判的需要就愈強烈，這是為了避免去感覺你所感受到的痛苦。

不管你是否注意到自己的能量系統，它都一直在運作著。想要停止痛苦（這痛苦創造了強迫性的評判、喝酒、過度工作、購物、性、飲食或健身），就需要你改變能量通過能量系統的方式。要做到這一點，你必須意識到它是如何運作、以及在哪裡發生的。評判別人以及外在情境，會阻止你這麼做。

評判別人就是將注意力聚焦得極窄，並將注意力從應該看的地方移開，因為你不想去看它。你更樂於用它來照亮那些不會令你感到痛苦的圖像，也就是你所感知到的、別人的不足或是宇宙的不公。此外的一切就隱藏在黑暗中，包括了帶給你這個感知的痛苦根源。

評判阻止你向自己和他人顯露自己，它是走向柔軟的障礙。評判就是持續對他人或宇宙進攻，但是你真正在對抗的，其實是自己的痛苦體驗。

評判阻止了親密以及親密關係中的感情，它是對恐懼的防禦，是不足感，是對意義和陪伴的渴望。**評判是對你最想要的東西，也就是對親密和接受的搶先攻擊，你在自己遭受拒絕前就先發難了。**

每次評判都是恐懼，以及對恐懼的痛苦體驗的宣洩。不斷去評判的時候，你釋放出去的就是一條能量的河流，你本來可以用這些能量完成對自己生活有意義和滿意的建構。能治癒那些製造評判帶給你的痛苦之前，你對他人、自己以及宇宙的評判是不會停止的。而這需要你對痛苦的覺察。

你一直在逃避的痛苦，就是那把你一直在尋找的鑰匙。它是你與人類以及地球的巨大苦難之連結，同時也是通往你的慈悲的通道。

超越壓力

壓力是抵抗的結果，不是由你生活的外界環境造成的，也不是由你所體驗的痛苦情緒引起的。它來自於你對自己生命的抵抗。你在生活中可能會遭遇各種不同的情境，但是真正導致壓力的，是你對這些情境的抵抗。

抵抗自己生命的某個情境需要耗費能量，而這就會產生壓力。觀察一個情境和抵抗它是不一樣的，挑戰並改變一個情境和抵抗它也不一樣。挑戰是使用你的意志去改變自己的體驗，改變你內在創造這個狀態的動態；而抵抗則是不想去體驗自己正在經驗的時刻，是一種阻止自己體驗的努力。

這份理解是非常重要的。當你仍在抵抗某個情境的時候，就無法改變它。抵抗任何東西都需要能量，而這種能量的耗損就是壓力。**生活中的壓力取決於你花了多少能量去抵抗自己的生活**。

愈是抵抗自己所處的境遇，就會將愈多的壓力帶進自己的生活。抵抗每件事時，你的生活就會充滿了壓力，而它就成了一種壓力下的學習，或是一次抵抗下的鍛鍊。你不喜歡自己的工作、不喜歡自己的家庭、不喜歡自己的同學、也不喜歡自己，你所看到和遭遇到的事情，沒有一樣能夠得到你的讚賞。這就是疾病的配方，因為它必然會導致痛苦的情緒和身體的功能障礙。當你抵抗這些體驗時，就反而給自己的生活增加了更多的壓力，情緒和身體功能的障礙只會變得更強烈。

練習：壓力過大嗎？

寫下所有讓你感覺到壓力的東西，比如說：

- 我伴侶的一些習慣
- 時間不夠
- 我汽車的顏色
- 我孩子的行為
- 我的父母
- 我的老闆
- 我忙碌的日程

將這個清單存下來。

當你接受自己生活的境遇時，就不會浪費能量去抵抗它了。抵抗就是當你努力透過自己的思想和情緒去改變一個人、一件事，或是一個境遇時所耗損的能量。你將能量投向外部，想要將那個人或那個體驗變得跟它原本的樣子不同。

練習：壓力過大的時候

再次看看那份列有讓你感到壓力的情境與人事物清單。每次看一項，然後針對每一個項目，去掃描你的能量系統。你有哪些身體感覺？它們在什麼部位？寫下你的發現。（能量是以什麼方式離開你的能量系統？愛和信任或是恐懼和疑惑？）

然後告訴自己：「這些就是我在生活當中抵抗的人事物和情境，我對它們的抵抗，就是我壓力的來源。」

不管你有多大的能量，都無法改變你正在體驗的情境以及與你互動的人。這一點絕對如假包換。生活的某個情境跟你想要的不一樣時，它也只能是它原本的樣子，如果你去抵抗它，你就在喪失能量，結果就是感受到壓力。

你也許能影響將來的事情或是人們未來與你互動的方式，但那是外在力量（去操縱和控制的能力）的追求，那也是一種無法創造出建設性結果的能量消耗。企圖透過操縱和控制來改變環境，總是會創造出令人痛苦的暴力與破壞。壓力告訴你：你正在抵抗此刻自己的體驗。這種抵抗是沒有效果且代價龐大的，它會帶給你健康和創造力的耗損，將你關在一個相對更小、更受限、更令人無法感到滿足且更缺乏成果的生活當中。它阻止你發展能讓自己喜悅與滿足的潛能。

抵抗生活中的境遇就像是對著一條河流說：「你不該流向這裡，應該流向那裡」。你愈是在河流的走向上耗費精神，就會消耗愈多能量。你看到了河流與它的流向，而你不喜歡自己所看到的。

抵抗是這個過程接下來的部分：你不喜歡自己所看到的。看到河流與它的流向並不會製造壓力，但是不喜歡你所看到的景象，就會製造壓力，並會損耗你的能量。流動的河就是你所看到的，其他則是你加諸於其上的。當你加上不喜歡、不信任、恐懼、鄙視、不贊同，或是任何其他評判的時候，你就喪失了能量。能量的喪失，就是壓力的體驗。

接受這條河流動的樣子，就是對壓力的緩解，壓力的緩解就是自由。它就是深呼吸，並享受這條河流的能力。它就是放鬆地進入此刻。此刻是無法被分割的，抵抗任何東西的時候，你都在抵抗此刻。此刻就是你體驗的全部，沒有哪個體驗會存在於此刻之外。回憶、遺憾、幻象和滿足都存在於此刻，憤怒、平安、鄙視、抗拒、喜悅、欣賞和愛也都存在於此刻。不管你所擁有的是哪種體驗，每一個體驗都存在於此刻。

抵抗自己所體驗的任何事情，你都是在抵抗此刻。抵抗此刻時，你就是在抵抗自己的生命。抵抗自己生命的時候，你就創造出壓力。

接受此刻並不代表你不能改變自己的生活，而是恰恰相反，它讓你清楚看見有哪些部分需要改變。改變自己的生活是一趟旅程，要完成這趟旅程，你必須從自己所在的地方起步。如果你不知道自己此刻在哪裡，也就無法到達自己想要去的地方。

抵抗你的體驗

抵抗此刻

抵抗你的生命

壓力

如果你不接受自己的生活、又想要改變它，那就像是你要去芝加哥，卻不知道自己現在是在洛杉磯，還是在阿姆斯特丹一般。如此一來是無法到達那裡的，因為你不知道該走哪條路。接受生活會讓你知道自己的位置，知道自己身在何處時，你就知道應該走哪條路，才能到達自己想去到的地方。

想要改變生活，你必須先接受它。這聽起來好像是個悖論，但並非如此。**一旦你接受了自己的生活，完全沒有抵抗地歡迎它，就能決定需要改變什麼，才能創造出自己想要的環境和體驗。**對環境和體驗抵抗時，它們也會排斥、擾動或激怒你。你想改變它們，卻不知該如何去改變。你的境況就跟一個想去芝加哥，但是不知道自己在哪兒的人一模一樣。你只知道：不管你在哪裡，反正你不喜歡它。

接受自己的生活意味著，你隨時隨地都活在當下。要改變生活，首先就要照它的現狀去接受它。這麼做時，你就處在一個可以去改變的位置上了。你不但知道自己想去哪裡，還知道自己現在在哪裡。

想像自己現在正跟一個不誠實的人在一起。看到他不誠實是一回事，這讓你因此能採取適當的措施。但是不接受他的不誠實，則是另一回事，這就是壓力的來源。如果你不接受他的不誠實，你就會為了想要改變他而去評判他，並把他跟別人做比較。這些行為都會帶來壓力。

當你抵抗自己的情緒時，也創造了壓力。你無法在情緒通過自己的時候改變它們，它們有自己的規律。當某種情緒出現時，總是有原因的。它不會因為你不喜歡它而消失，而你對它的抵抗，則製造了壓力。

練習：超越

回到那張列出讓你感到壓力的人事物和情境的清單上。一條條看過一遍，告訴自己：「我願意按照這個人事物或情境本來的樣子去接受它。」花點時間，真正地向這個可能性敞開。

這麼做，讓你身體裡原本有的感覺改變了嗎？

去改變創造某種情緒的動力的第一步，就是去體驗那種情緒，抵抗那種情緒則阻止了你去探索它。接受自己的情緒時，它們就像空氣流過笛子一樣流過你。你感受它們，並能從中學習。它們告訴你，能量在你能量系統中的什麼部位，以何種方式離開，情緒是為你帶來所需訊息的朋友，抵抗它們，就是讓這些訊息吃閉門羹。這樣還會創造出壓力。

接受自己的情緒和研究自己的能量系統是同一件事。情緒告訴你關於你能量系統的訊息，而你的能量系統則創造了你的情緒。一旦理解了你的能量系統和情緒之後，你就能夠改變能量系統的運作方式，也就是將恐懼和疑惑的方式轉變為愛與信任的方式。

這種改變有賴於你去注意自己身體的感受。它需要意識到你對自己能量系統的每個中心的感受。這就是情緒覺察。

對生命的抵抗，就是對宇宙缺乏信任。你只接受自己的部分體驗，而非全部。不接受的時候，能量就以恐懼和疑惑的方式離開你，因此你一直堅持自己人格的認知、價值和目標，而忽略了自己靈魂的認知、價值和目標。這是痛苦的。在地球學校中的旅程，提供你將自身人格與靈魂對齊的機會。從你出生開始，這些機會就一直提供給你，直到你生命結束的那天。當你利用這些機會將自己的人格與靈魂對齊的時候，你就創造了真實的力量。

真實的力量就是從恐懼中解脫，以及對自己的創造力量的意識。它是對宇宙的智慧和慈悲的欣賞。那是一種沒有壓力的生活，在這種生活裡，你珍重自己的體驗，並使用它去引導自己創造出真實的力量，這段期間之中，你不會抵抗這個過程。

這個過程也包括了抵抗。當你接受自己的生活時，你便接受了自己所有的體驗，包括抵抗在內。最後，你就成了一個對自己擁有慈悲和耐心的朋友。

這段友誼，就是從情緒覺察開始的。

附錄

這些表格對本書中的最重要的理念提供了一個綜覽，希望能對你們有所幫助。

逃避到外在環境中
完美主義
工作狂
尋找救贖
性上癮
偶像崇拜

逃避外在環境
厭倦
特權感
虛假的樂觀主義
分神
酒精與藥物成癮
過度飲食

為了逃避痛苦感受的策略

改變外在環境
討好他人
憤怒
穿透效應
權力鬥爭
評判
超越壓力

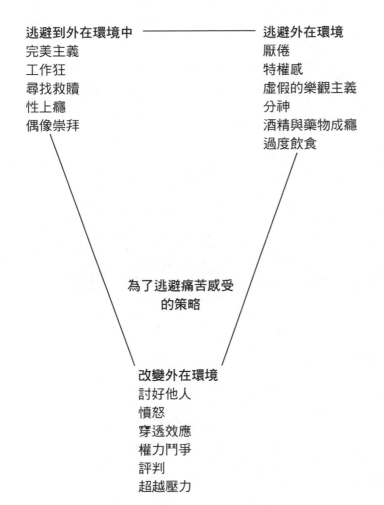

每一種能量模式的潛能

模式	未治癒的認知	治癒的認知
憤怒	我就是擁有權利去生氣	我利用憤怒的能量去創造一個充滿意義和創造性的生活
工作狂	我的價值來自於我所做的	我的存在本身就是價值
穿透效應	我值得沉浸到所有我所感覺到的情緒中去	我能感受到我的情緒，而我利用它們去了解自己
完美主義	我必須讓每件事都變得完美	基於我當時所做的選擇，我能看到每件事都是完美的
討好他人	我需要討好別人才能感覺到完整	我就是完整的，而我自然恰當地給予別人
分神	我總是跑到各種幻想和不相干的事情裡去	我充滿感恩地待在當下

厭倦	我在外在的活動和人身上都看不到意義	我看到每件事和每個人（包括我自己）的價值
偶像崇拜	我是我的偶像	我現在所是的樣子就是有價值的
虛假的樂觀主義	我假裝一切都是沒有問題的	每一件發生的事情，包括我的痛苦情緒，都是最好的安排
特權感	我高人一等，我想要的我就該得到	我所擁有的就是我所需要的
過度飲食	我需要食物的營養來滿足我所沒有得到的宇宙的營養	我懷著感恩接受來自宇宙的滋養，我也可以滋養別人
性上癮	我的下一個性伴侶是我的救贖	我是我自己的救贖

當能量以不同方式離開各個能量中心時的體驗

能量中心	恐懼和疑慮	愛和信任
七	感覺到與非物理的宇宙隔離	感覺與非物理的宇宙相連
六	世界顯得冰冷而令人恐懼——只使用五官去感受的結果	能在每個體驗中看到宇宙的智慧、慈悲、意義
五	不順暢的表達	清晰而有力的表達
四	害怕愛是無法獲得的。封閉、防備，人都看起來像個東西	感覺跟所有的生命都是相連的
三	焦急、感覺無法防衛或者供養自己	有信心、放鬆
二	強烈的性渴望，利用別人	創造、慶祝生命
一	不感覺地球是家，對自己的生活感覺到不舒服	在地球上有家和舒適的感覺

後記

假如這本書對您有幫助，建議您可以成為創世紀：全人類基金會願景的夥伴。

創世紀是一個非營利組織，提供工具、計畫和活動，幫助個人創造出真實的力量，即將人格與靈魂對齊。與創世紀：全人類基金會之間的夥伴關係，也為您提供一個與我們保持聯絡、並將我們未來活動資訊分享給您的管道。

更多資訊，請參訪我們的網站 www.universalhuman.org，或聯絡：

Genesis：The Foundation for the Universal Human

PO Box 339

Ashland OR 97520 USA

888 440 SOUL (7685)

541 482 8999（美國以外地區）

genesis@universalhuman.org

你也可以在網站 www.zukav.com 與我們相遇。

愛你的蓋瑞和琳達

靈魂之心

開啟情緒覺察這門靈魂必修課，走進貫穿身心靈的深度自我探索，找回內在湧現的真實力量

The Heart of the Soul: Emotional Awareness

作　　者　蓋瑞‧祖卡夫（Gary Zukav）、琳達‧法蘭西絲（Linda Francis）
譯　　者　楊久穎
封面設計　郭彥宏
內頁排版　高巧怡
行銷企劃　蕭浩仰、江紫涓
行銷統籌　駱漢琦
業務發行　邱紹溢
營運顧問　郭其彬
副總編輯　劉文琪

出　　版　漫遊者文化事業股份有限公司
地　　址　台北市松山區復興北路331號4樓
電　　話　(02) 2715-2022
傳　　真　(02) 2715-2021
服務信箱　service@azothbooks.com
網路書店　www.azothbooks.com
臉　　書　www.facebook.com/azothbooks.read
營運統籌　大雁文化事業股份有限公司
地　　址　台北市松山區復興北路333號11樓之4
劃撥帳號　50022001
戶　　名　漫遊者文化事業股份有限公司
初版一刷　2023年10月
定　　價　台幣450元
ISBN　978-626-97679-1-5

有著作權‧侵害必究
本書如有缺頁、破損、裝訂錯誤，請寄回本公司更換。

The Heart of the Soul: Emotional Awareness
Copyright © 2001 by Gary Zukav & Linda Francis
Published by arrangement with Trident Media Group,LLC.
throughAndrewNurnbergAssociates Internaitonal Limited.
Traditional Chinese edition copyright © 2023 by Horizon Books, imprint of Azoth Books.
ALL RIGHTS RESERVED

國家圖書館出版品預行編目 (CIP) 資料

靈魂之心 : 開啟情緒覺察這門靈魂必修課, 走進貫穿身心靈的深度自我探索, 找回內在湧現的真實力量 / 蓋瑞. 祖卡夫(Gary Zukav), 琳達. 法蘭西絲(Linda Francis) 著 ; 楊久穎譯. -- 初版. -- 臺北市 : 地平線文化, 漫遊者文化事業股份有限公司出版 : 大雁文化事業股份有限公司發行, 2023.10
　面；　公分
譯自 : The heart of the soul : emotional awareness
ISBN 978-626-97679-1-5(平裝)
1.CST: 情緒 2.CST: 靈修
176.5　　112015659

azoth books 漫遊者
漫遊，一種新的路上觀察學
www.azothbooks.com
漫遊者文化

遍路文化 on the road
大人的素養課，通往自由學習之路
www.ontheroad.today
遍路文化‧線上課程